浮世中修心

王陽明的知行哲學

王建軍 著

將心學哲理融入當代思維，
從根本上改善行動力與決策力

— 你若光明，萬物生！心學與日常相結合 —

擺脫外求、專注修心、放下偏見、回歸本心
以王陽明心學為本，教人如何在浮世中保持自我

目錄

第二章　在逆境中修練強大內心

第三章　大格局者，胸懷坦蕩能容物

第四章 做「知行合一」之人

第五章　修練一顆「不動心」

第六章　自省是認識自己的最佳方法

第七章　做學問必須從內心下功夫

第八章　做真誠人，行仁愛事

第九章　用「心」體會人生之美

第十章　從容淡定過一生

前言

「你未看此花時，此花與汝心同歸於寂。你來看此花時，則此花顏色一時明白起來，便知此花不在你的心外。」這是許多人在談到「唯心主義」時常常引用的話，王陽明也因此被當作唯心主義的代表。雖然王陽明提出的「心是萬事萬物的主宰」的觀點屬於哲學中的唯心主義，但如果狹隘地將王陽明貼上「唯心主義」的標籤，就曲解了這位智者創造心學的本意，他的目的是呼籲人們了解並挖掘內心潛藏的強大力量，幫助人們修練強大的內心，減少人生的煩惱和痛苦，增加快樂和幸福。

心是天地萬物的主宰，心外無理，心外無物，是王陽明心學的基本觀點。在陽明心學體系中，「心即理」、「知行合一」、「致良知」是三個重要的命題。「心即理」是陽明心學的邏輯起點，也是其哲學思想的理論基礎。王陽明主張「吾心之良知，即所謂天理也」，認為求「理」不在於「格物」，而在於「致知」，即「致吾心良知之天理於事事物物，則事事物物皆得其理」。「知行合一」是陽明心學的核心，是其理論體系的主體結構，是以「心即理」之說作為理論基礎的。「知是行之始，行是知之成」，「知」、「行」互相連繫、互相依存，強調認知過程中「知」、「行」兩個階段之間的統一與連繫。

「致良知」是陽明心學關於認知方法的核心思想，是對「心即理」、「知行合一」等心學命題的理論概括與昇華，象徵著陽明心學的發展到達了顛峰。

在王陽明看來，「良知」就是「道」、「天理」、「本心」，「致」就是使良知「明覺」和「發用流行」，「致良知」也就是把「良知」擴充、推及萬事萬物之中，予以發揚光大，從而將人的潛在道德意識轉化為現實的人生價值。

王陽明認為人心是根本問題，是產生善與惡的源頭。任何外在的行動、事物都是受思想支配的，一切統一於心。他還說，人的「心」本來就有著神奇的作用，如行雲流水般變動流轉於萬事萬物之中，反映著各層次事物的客觀規律。

如果人能靜下心來，自然就能發現其中的規律，將事情做得十分完美。我們心靈的能力之所以沒有充分發揮出來，是因為它被各種詆毀、讚譽等利害關係遮蔽了。如果能夠摒棄「自我」的束縛，保持我心不動，遵循萬事萬物的自然規律，並以此對待各種事物，心靈就能做出準確的判斷，將看似異常神奇的良知妙用發揮出來。

認識自我與天地自然的關係，便能擺脫「自我」的束縛，獲得更高的智慧。有詩云：「不畏浮雲遮望眼，只緣身在最高層。」只有心靈達到一定境界，才能看到更深更遠的地方。心境提高了，人的智慧、能力、氣質也會隨之提升。

不過，想要讓心靈達到一定境界，人們需要用一顆虔誠的心去認真思考人生，猶如〈大學〉中所言：「定而後能靜，靜而後能安，安而後能慮，慮而後能得。」只有心靈達到清明的境界，人才能洞察萬物的規律，思考問題才能全面，處理事情才能完善。正如王陽明的勸誡：放鬆你的心，使你充盈的「天理」立刻就會出現在眼前。因為真正的生活在於內心，一切糾結都是心戰，所以只有內心的強大才是真正的強大。

點亮一盞心燈，釋放內心的光芒與力量，修得強大的內心，便能在浮躁的社會氛圍中獲得寧靜，收穫內心的充實與幸福。

第一章　一切力量從「心」開始

自古以來的聖人都在講述一個真理：「心為天地萬物之主」。王陽明也不例外，因而他才說出，「其發竅之最精處，是人心一點靈明」，並在此基礎上開創了心學。因此，我們不能小瞧自己的內心，它充滿著人類最真實的渴望，也隱藏著眾多不為人知的力量。

洞悉了心的力量，我們將會從心中得到人生的幸福。

心之所想，力之所及

只念念要存天理，即是立志。能不忘乎此，久則自然心中凝聚，猶道家所謂「結聖胎」也。此天理之念常存，馴至於美大聖神，亦只從此一念存養擴充去耳。

王陽明作為宋明理學中「心學」的創始者，強調個人的主體意識和自主精神。他認為，只要心中不忘存天理，就是立志。不忘記這一點，久而久之心自然會凝聚在天理上，就像道家所說的「把凡胎修練成聖胎」。如此將天理時刻銘記於心，逐漸達到宏大神聖的境界，也是從心中最初的意念不斷堅持並發展下去。

「心之所想」雖然只是停留在腦海中的意識，看似虛無縹緲，卻有著不可小覷的力量。王陽明所言的「念念存天理」，就是用我們的意念影響我們的思維。當心存念想時，就能做到心無旁騖、專心致志；倘若心無所思，則難以排除雜念，就會陷入胡思亂想之中。

「心之所想」的力量遠不止於此。在奮力追求成功的人生道路上，「想」成功是必不可少的前提條件。缺少這份「心之所想」的動力，抑或受外界干擾而無法將之堅持到底，則難以發揮自身潛在的能力，難以超越自我、挑戰極限。

明朝後期是古代科學技術史上最燦爛輝煌的一段時間，此時出現了一位偉大的地理學家——徐霞客。

徐霞客自幼聰明好學，喜歡讀歷史、地理、遊記之類的書籍，立志成人之後遍遊大好河山。

但是父親去世後，老母無人照顧，徐霞客的遊覽計畫無法實現，終日悶悶不樂。母親看出了他的心思，對他說：「男兒志在四方，哪能為我留在家裡？」母親的支持，堅定了徐霞客遠遊的決心。

徐霞客有了勇氣和力量，便辭別母親開始遊歷。他先後遊歷了太湖、洞庭湖、天臺山、雁蕩山、泰山、武夷山、五臺山、恆山等名勝，並且記錄下了各地的奇風異俗和遊歷中的驚險經歷。

幾年後，徐母去世，徐霞客便把全部精力放在遊歷考察事業上。他跋山涉水，到過許多人跡罕至的地方，攀登懸崖峭壁，考察奇峰異洞。

在湖南茶陵，徐霞客聽說這裡有個深不可測的麻葉洞，便決心去探訪。可當地人說洞裡有神龍和妖精，沒有法術的人不能進去。剛走到洞口，嚮導得知徐霞客不會法術，就嚇跑了。徐霞客毫不動搖，獨自手持火把進洞探險。當他游完巖洞出來的時候，等候在洞外的當地群眾紛紛向他鞠躬跪拜，將他看成是有大法術的神人。

徐霞客白天考察，晚上就藉著篝火記錄當天的見聞。三十多年中，他走遍大江南北，對曾走過的地方的地理、地質、地貌、水文、氣候、植被做了深入細緻的調查研究，並以日記體裁進行詳細、科學的記錄。徐霞客死後，由他人整理成聞名世界的《徐霞客遊記》。

很多人都心有所想，卻很少有人為了願望而堅持不懈地努力下去，也很少有人為了一個目標而堅定地執行下去，因為總是會有來自外界的各種干擾。我們每個人都嚮往成功，但是心有所想的同時還要排除外界的干擾，要在心裡不斷地提醒自己，不斷地朝著目標前進。雖然當我們想著「下次考試進步二十分」、「一個月減肥五公斤」、「出社會後就要買房」的時候，自己都不太相信，因為這些都是身邊無數人沒能實現的目標。倘若就這樣氣餒了、放棄了，那我們距離成功將越來越遙遠。

我們要相信自己的心之所想，清楚地告訴自己想要的是什麼，為之努力奮鬥。只有時刻保持這種「想要」的念頭，才能徹底拋開所有阻撓它實現的因素。最後，我們會發現，所有的「我想」，都變成了「我要」、「我一定」。想都不敢想的事情，未必就是我們無法做到的事情。大膽地堅持心之所想，方知自己的潛力有多大。

不要在「心想事成」之前放棄最初的念想。成功不僅需要奮力打拚，更需要一份堅持不懈的動力支持。堅持心之所想，最終將成為力之所及。

欲成大事先立志

志不立，天下無可成之事，雖百工技藝，未有不本於志者。

王陽明作為一代大儒，對立志與人生的關係，有著獨到的見解，他說：「一個人若是想做出一番事業，首先要立志，否則就會一事無成。即便是各種工匠技藝，也都是靠著堅定的意志才能學成的。」

人們常說，一個人的理想往往決定了他的高度。燕雀安知鴻鵠之志，鴻鵠是要像大鵬那樣展翅翱翔於九天之高，盡收天下於眼中的；而燕雀沒有那麼遠大的理想，自然對能夠觸及榆樹就已經心滿意足了。

有了高遠的志向，成就事業就有了可能，所以立志是十分重要的。王陽明能成為一位洞悉心靈奧祕、響徹古今中外的心學大師，正是在其志向的引領下才一步一步走向成功的。即便後來遭受到種種磨難，他也沒有放棄。不只是王陽明，古往今來，每個有所成就的人都是先立下遠大的志向，告訴自己要去哪裡，然後才向著目標努力奮鬥的。

班超是東漢時期傑出的軍事家和外交家，他從小胸懷大志，不拘小節。漢明帝永平五年（西元六十二年），班超因哥哥被聘為校書郎，而隨同母親一起來到洛陽。因為他寫得一手好字，便受官府的僱用，抄寫文書，以此謀生。為了將這份工作做好，班超每天天未亮就起床，晚上很晚才睡。

當時，北方的匈奴時常侵犯漢朝邊境，班超特別憤慨；同時，他又看到西域各國與漢朝的交往已斷絕了五十多年，心中非常憂慮。有一天，他正在抄寫檔案，寫著寫著，覺得這份工作實在無聊，想到自己遠大的志向，忍不住站起來，將筆狠狠地擲在地上說：「大丈夫即便不能實現自己的理想，也應該像傅介子、張騫那樣，為國家做貢獻，怎麼可以在這種抄抄寫寫的小事中浪費生命呢？」周圍的人聽了這話都笑他，班超回應說：「凡夫俗子怎能理解志士仁人的襟懷呢？」於是，他決定「投筆從戎」，去闖出一番大事業。

後來，他成為一名將領，在對匈奴的戰爭中取得勝利。接著，朝廷採取他的建議，派他帶著數十人出使西域，重新打通了「絲綢之路」。他也因此成為歷史上傑出的外交家，名垂青史，萬古流芳。

班超「投筆從戎」，建立了千秋功業，正因為他沒有滿足於抄抄寫寫，安穩度日。他把自己的境界和志向提升到一定的高度，才做出了名垂青史的成就。可見，有明確的人生志向對一個人來說是何等重要。

王陽明認為：「志不立，如無舵之舟，無銜之馬，飄蕩奔逸，亦何所底乎？」北宋哲學家程顥說：「治天下者必先立其志。」宋代文學家蘇軾也說：「古之立大事者，不唯有超世之才，亦必有堅忍不拔之志。」法國古典作家拉羅希福可 (La Rochefoucauld) 曾說：「一個人如果胸無大志，即使有壯麗的舉動也稱不上偉人。」英國作家塞繆爾・斯邁爾斯 (Samuel Smiles) 也說過：「人若有志，萬事可為。」由此可見，古今中外成大事者都十分推崇志向對人生的引導作用。人生非常短暫，如果你不想虛度光陰，就必須要立志，而且還要早立志、立大志。

保持童心，做真實的自己

人之心體，本無不明。而氣拘物蔽，鮮有不昏……今必日窮天下之理，而不知反求諸其心，則凡所謂善惡之機，真妄之辨者，舍吾心之良知，亦將何所致其體察乎？

王陽明認為，人心的本體原來是明白清楚的，可由於氣量的拘束和物欲的矇蔽，逐漸變得昏暗模糊了。如果人們只是想要窮盡天下萬事萬物的道理，卻不向自己的內心探求，捨棄了自我的良知，本心被矇蔽，自然就看不清善惡的原因，體察不到真假的異同了。

只有當矇蔽本心的那些物欲被清除，讓本心恢復純明，才能真正激發內心的巨大能量。這就要求人們的內心回歸到純樸自然的狀態，回到初來人世時那頭腦空空的初心之境。具體做法就是重返童心，做心靈上的「兒童」，這也是李贄在王陽明的「本心」之上衍生出「童心說」的基礎。

關於童心，繼承了王陽明思想的明代哲學家李贄做了如下解說：「夫童心者，真心也……若失卻童心，便失卻真心；失卻真心，便失卻真人。」在他看來，所謂童心，就是人在最初未受外界任何干擾時一顆毫無造作、絕對真誠的本心，不摻雜任何虛假的純真，是人內心中的一念之本，是那瞬間萌動的「天真」。如果失掉童心，便是失掉真心；失去真心，也就失去了做一個真人的資格。而人一旦不以真誠為本，就永遠喪失了完整的人格，心的巨大能量也就被壓制了。

兒童，是人生的開始；童心，是心靈的本源。心靈的本源怎麼可以遺失呢？但確實有許多人遺失了童心。

當人們初臨人世的時候，只是一個頭腦空空的嬰兒，只懂得餓了要吃、睏了要睡。他們不懂得男女之間的色慾，不懂得功成名就、家財萬貫的榮耀；他們什麼都不知道，以一顆純真的初心，新奇地觀望這個世界，享受這個世界帶給他們的每一絲歡樂。

隨著漸漸長大，人們原本純潔的心沾染上了世俗的塵埃。在人的啟蒙時期，透過耳濡目染會獲得大量的感性知識，長大之後會學到更多的理性知識，而這些後天得來的感性的聞見和理性的道理一旦進入主人的心靈，童心也就失落了。久而久之，聽到、看到的道理、聞見日益增多，所能感知、覺察的範圍也日益擴大，從而明白美名是好的，就千方百計地去發揚光大；知道惡名是醜的，便挖空心思來遮蓋掩飾。這樣一來，童心也就不復存在了。一旦失去童心，說出的話，就言不由衷；參與政事，就沒有真誠的觀點；寫的文章，也就無法明白暢達。一個人如果不是胸懷美質而溢於言表、具有真才實學而自然流露，那麼從他口中就無法聽到具有道德修養的真話，因為童心已失，後天得到的聞見道理已入主心靈。

當你用虛假去面對世界時，世界回應你的也只能是虛假。因為人一旦以虛假為本，一舉一動也就無不虛假了，由此去對假人說假話，正是投其所好；跟假人講假事，肯定信以為真；假人談假文章，必然讚賞有加。這可真是無處不假，便無所不喜！滿天下全是虛假，俗人哪裡還分辨得出真偽。在如此虛假的世界裡，看不到真相的人們難免做出錯誤的決定，走上錯誤的道路，做出錯誤的事情，而這一連串錯誤所累積而成的人生必將痛苦不堪。

如果想要擺脫這虛假、痛苦的生活，必須尋回童心。從此時此刻起，開始重返童心，真實地面對自己，面對世界。

順應性情生活，找準自己的位置

苟當其能，則終身處於煩劇而不以為勞，安於卑瑣而不以為賤。當是之時，天下之人熙熙皞皞，皆相視如一家之親。……若一家之務，或營其衣食，或通其有無，或備其器用，集謀並力，以求遂其仰事俯育之願，唯恐當其事者之或怠而重己之累也。

在王陽明看來，如果一個人所在的職位適合自己，那麼即便一生都從事繁重的工作他也不認為辛苦，一生從事低下瑣碎的工作他也不認為卑賤。那時，天下所有的人都高高興興，親如一家……天下事就像一個家庭的事務，一些人負責衣服、食物方面的勞作，一些人經商互通有無，一些人製造器具，大家群策群力，以實現贍養父母、教育子女的心願，都只怕自己承擔的事務做不好，因而盡心盡責。

這就是順應自己的性情生活的狀態！遺憾的是，這種美好的生活很難實現，因為人們很難認清自己的性情，也就難以發現適合自己的位置。之所以如此，是因為在這個物欲橫流的世界，人們的心容易被物質遮蔽，看不清世界的真相，更看不清自己優勢有哪些，劣勢有哪些，也就難以取長補短，做出適合自己的選擇。在不適合自己的位置上生活，人們很容易失去自我，成為他人利用的工具，或者成為金錢、名聲、地位等物欲的囚徒。

當然，大多數人找不到適合自己的位置，是因為他們好高騖遠，只看到別人的成功，而忽視了自己的局限，於是盲目模仿，最終帶來的只會是失敗和痛苦，就像下面一段文字裡那隻不自量力的烏鴉一樣，成為他人的玩物。

一隻鷹從高崖上飛過，以非常優美的姿勢急速俯衝，把一隻羔羊抓走了。一隻烏鴉看見了，非常羨慕，心想：要是我也能這樣抓到一隻羊，就不用天天吃腐爛的食物了，那該多好呀！於是，反覆練習鷹俯衝的姿勢，希望像鷹一樣去抓一隻羊。

一天，這隻烏鴉覺得練習得差不多了，就從山崖上急速俯衝，猛撲到一隻羊身上，想把羊抓走。儘管拚命拍打翅膀，仍飛不起來。想放棄羊然後飛走，但的爪子卻被羊毛纏住了，怎麼都拔不出來。牧羊人看到後，跑過去將烏鴉一把抓住，剪去了翅膀上的羽毛，拿給家裡的孩子們玩耍。孩子們問這是什麼鳥，牧羊人回答說：「這是一隻烏鴉，可是想充當老鷹。」

如果你是一隻有強健的爪子和翅膀的老鷹，便可以輕而易舉地抓一隻羔羊飛走，但如果你是一隻烏鴉，你就不能這麼做，因為你的爪子和翅膀是弱小的。一隻用心生活的烏鴉，會為天天有腐爛的食物吃而高興萬分，因為深知這才是應得的，這就是順應性情生活。

如何才能順應性情生活？我們首先要觀察自己的性情，用心體會我們經歷的那些快樂或痛苦的事，從而得出結論：當我們感到快樂時，就是在順應我們的性情生活；當我們感到痛苦時，就是在違逆我們的性情生活。我們在生活中體會到的快樂越多，我們的心就會變得越清明。

當我們的心變得通透無比時，我們就不會被引導到錯誤的位置上：性情的人從事衣食等勞作，性情靈活的人從事商業貿易等活動，性情細緻的人從事精巧的器具製造等工作，性情溫和的人從事教育工作……每個人都能找到並一直做那些讓自己快樂的事，而這正是王陽明所倡導的心學核心——「致良知」的最佳體現。

相信自己最優秀

先生曰：「人胸中各有個聖人，只自信不及，都自埋倒了。」因顧于中曰：「爾胸中原是聖人。」于中起不敢當。先生曰：「此是爾自家有的，如何要推？」于中又曰：「不敢。」先生曰：「眾人皆有之，況在于中，卻何故謙起來？謙亦不得。」于中乃笑受。

在王陽明看來，我們每個人都是神聖而偉大的，在內心中都有一個聖人般完美的自我；每個人都是天地間的一個奇蹟，只是由於我們不能相信自己，致使這個「真正的自我」的智慧和能力（即王陽明所說的「聖人」）被埋沒了。

雖然「真正的自我」遠比現實中的自我更優秀、更有智慧、更有能力，但我們自出生以來，受各種負面因素的影響太深了，使得真正的自我被遮蔽了，我們看到的通常是不完善的自我，有很多缺點，諸如心胸太狹窄，受到別人一點冒犯，便會暴跳如雷；遇到些許挫折，就會自暴自棄；生性懶惰，做事拖拉；意志不堅定，易受外界環境干擾……所以絕大多數人都有一種天生的自卑感，認為自己能力欠缺、智商不高、不夠優秀、不如別人。

雖然我們從小到大聽過長輩無數次的教誨：「要對自己有信心，要自信。」但在關鍵時刻，我們還是會不由自主地懷疑自己：「我可以嗎？我真的行嗎？」在這些自我懷疑中，機遇一閃而過，於是我們又懊惱地抱怨：「如果當初堅持自己的看法就好了，自己明明是對的。」

由此可見，我們是多麼需要信心這種力量，因為信心是內心強大的力量，來自生命中不屈不撓的韌性，是內心的淡定和坦然。聖人孔子曾說「仁者不憂，智者不惑，勇者不懼」，能做到不憂、不惑、不懼的人，內心必然是擁有強大力量的，因此，他們才能不看重外在世界的紛繁變化，不在意個人利益的得與失，保持內心的強大與坦然，獨立傲然於世間。

世界著名的交響樂指揮家小澤征爾就是因為強大的信心而一舉成名的。

在一次世界級優秀指揮家大賽的決賽中，小澤征爾按照評審們給出的樂譜指揮演奏。在演奏過程中，他敏銳地發現了不和諧的聲音。起初，他以為是樂隊演奏出了問題，就停下來重新指揮，但還是不對。再三考慮後，他覺得是樂譜有問題，於是再次停下來向評審們提出自己的看法。這時，在場的作曲家和評審等權威人士無一例外地堅持說樂譜絕對沒有問題，是他錯了。面對眾多音樂大師和權威人士，小澤征爾思考再三，最後斬釘截鐵地大聲說：「不！一定是樂譜錯了！」話音剛落，評委席上的評委們立即站起來，對他報以熱烈的掌聲並不住地讚嘆，祝賀他贏得了整場比賽。

原來，這是評委們精心設計的「圈套」，以此來檢驗指揮家在發現樂譜錯誤並遭到權威人士集體否定的情況下，能否堅持自己的正確主張，不被權威言論干擾。前兩位參加決賽的指揮家雖然也發現了錯誤，但終因不相信自己的想法而附和權威們的意見被淘汰，小澤征爾卻因充滿自信而摘取了世界指揮家大賽的桂冠。

許多人之所以做不到最優秀的自己，是因為他們對自己沒有信心，缺少擔當的勇氣，所以才漫無目的地到處尋找別人的優點，而忽略了發掘自己最優秀的一面。一再地否定自己，也就失去了成為最優秀的自己的機會。正如蕭伯納（George Bernard Shaw）所說：「有信心的人，可以化渺小為偉大，化平庸為神奇。」

所以在生命歷程中，我們要相信自己的心靈有著無限的可能，要相信有一種神聖力量的存在，盡力挖掘潛在的能力，才有可能達到應有的人生高度。只有內心擁有強大的力量，才是走向成功、快樂、幸福的保證。

求人不如求己

篤信固亦是，然不如反求之切。

自古以來，聖人指點迷津、貴人相助成功的典故比比皆是，備受推崇。不過，聖人的指點往往並不明朗，仍需要自己去思索推敲；貴人的幫助更不是無條件的，或是看中你的才華橫溢，或是看中你的八面玲瓏，即便是看中你天生的敦厚正直，也需要靠自己的努力去累積、去創造。

「聖人必須透過學習才能達到。」實際上，真正的聖人和貴人，並不在於經典、神佛抑或他人，而是自己。在做學問方面，王陽明認為，雖然做學問也需要老師的指點教化，但始終不如自己去探究來得徹底。為人處世方面，只有自己肯上進，不斷完善自我，關鍵時刻充分發揮自己的能力，才有可能青雲直上，闖出一片藍天。歷史上諸多求人不如求己的故事，也說明了在任何時候都必須看重自己的能力，而不是依賴他人的提攜和幫助。

一書生在屋簷下躲雨，看見觀音菩薩撐著傘走過，便說：「菩薩，普度一下眾生吧，帶我一程如何？」觀音菩薩說：「我在雨裡，你在屋簷下，而簷下無雨，你無須我度啊！」書生立刻走出屋簷，站在雨中說：「現在我也在雨中，該度我了吧？」觀音菩薩說：「你在雨中，我也在雨中，我不被雨淋，是因為我有傘，你被雨淋是因為你沒有傘。所以不是我度你，是傘度你。你要想得度，請找傘去！」說完就走了。

第二天，書生又遇到了難事，便去廟裡求菩薩。走進廟裡，發現觀音菩薩像前有一個人在跪拜，那個人長得和觀音菩薩一模一樣。書生很驚訝，問他：「你真是觀音菩薩嗎？」那個人說：「我就是。」書生又問：「那你為什麼還自己拜自己呢？」觀音菩薩笑道：「我也遇到了難事，但我知道，求人不如求己啊！」

無論是神佛還是聖人，都是人們精神上的寄託和強大的動力，但失去了他們，人生並不會由此走向黯淡；貴人相助固然能夠令人一夜成名甚至功成名就，但沒有他們的幫助，有志者同樣能夠憑藉自己的力量獲得成功。聖人和貴人指出的捷徑並不意味著一片坦途，甚至可能扼殺了個人的潛能和創造性思維。真正能夠幫助自己的，還是自己，此所謂「天助自助者」。

道理雖然淺顯，但人們往往不能徹悟，而孔子便是少數深諳此理的人之一。在面對士大夫的刁難時，他能夠輕鬆地以此向對方還以顏色。

衛國的王孫賈曾問孔子：「與其向比較尊貴的祭祀場所『奧』祈禱保佑，不如向並不尊貴但作為五祀之一的『灶神』祈禱保佑，這是什麼意思？」

孔子曰：「此言差矣。如果犯了滔天大罪，向什麼神祈禱也沒用了。」

王孫賈想要告訴孔子，他與其跟各國諸侯往來，不如來拜訪他們這些士大夫，祈求他們在君王面前替他說幾句好話。孔子卻認為，一個人若真的做了壞事，那他怎樣禱告都沒有用，任何神靈都不能保佑他。言下之意就是他不需要那些王孫貴胄幫腔求情，因為自己沒有做錯事，君子坦蕩蕩，無愧於心。

現代社會，個人的發展受諸多因素的影響，社交網路、家庭背景在求職創業的過程中發揮了重要作用，幾乎成為官場、職場的潛規則。「求人不如求己」的古訓則略顯乏力。即便如此，也應如王陽明所言：「篤信固亦是，然不如反求之切。」個人的成功應從完善自身入手，不斷地主動創造條件使自己在他人心目中留下深刻印象，而不是寄希望於他人偶然間對自己的青睞。即便是上天的眷顧，也只會降臨在有準備的人身上。

挖掘內心的巨大潛能

愛問：「至善只求諸心，恐於天下事理，有不能盡。」先生曰：「心即理也。天下又有心外之事，心外之理乎？」

心即理，心外無物，這是王陽明心學的核心思想。對「心外無物」這個問題，王陽明和一位朋友遊南鎮時曾有一段著名的對話：

朋友指著巖中的一棵花樹問道：「天下無心外之物，如此花樹，在深山中自開自落，於我心亦何相關？」王陽明回答道：「你未看此花時，此花與汝心同歸於寂。你來看此花時，則此花顏色一時明白起來，便知此花不在你的心外。」

可見，在王陽明看來，世界上一切問題，都可以在自己的心上得到答案。正如他在〈詠良知〉一詩中寫的：「人人自有定盤針，萬化根源總在心。卻笑從前顛倒見，枝枝葉葉外頭尋。」因此，「心」成為一種巨大能量的象徵。美國著名作家露易絲．在書中寫道：

「我相信，我們每個人的身上都有一種力量，這種力量可以幫助我們有健康的身體、美好的友誼、美妙的職業，為我們帶來各式各樣的成功。首先我們要相信這種力量的存在，然後釋放一些不必要的障礙和生活方式，深入內心去感受這種力量，因為它知道什麼對我們是最好的。如果我們願意把生命交給至高的愛和支持我們的力量，就將擁有成功並充滿愛的生命！」

現代的腦科學、心理學及生理學都認為，人的潛意識裡蘊藏著巨大的潛能，但不同程度地被各種負面心態、消極所形成的「自我」壓抑著，使得這些潛能在平時不能顯現。但如果在某種特殊的情況下，人的心理處於特定的狀態，壓抑潛意識的消極因素解除了，內在的無窮潛能就能夠激發出來。

有一位著名的心理學家曾做過一個實驗：

一個運動員的握力經測量是一百磅，他在常態下調動了全身的力量也不能使指標突破一百磅。一個高明的催眠師將這個運動員催眠至「喪失自我」的深層意識狀態，然後告訴他：「你擁有非常強大的力量，你的力量之大，連你自己也會吃驚。」當運動員在深層意識裡接受這個觀念後，再一次測量握力時，他非常輕鬆地使指標突破了一百一十磅。

在整個過程中，催眠師並沒有為他增添什麼外界的實際力量，更沒有讓他服用興奮劑等違禁藥品，只是將他導引進一種「喪失自我」的狀態中，讓他心靈深處的意識接受一個他擁有強大力量的觀念，就讓他把自身的潛能最大限度地發揮出來了。實際上，那種強大的力量和基本能力，始終存在於他的內心中。

由此可見，只要人們排除舊的「自我」意識的干擾，就能讓真正自我的力量——心的力量顯現出來。當一個人真正做到了這一點，就會發現自己已經是一個強大的人了，這就是人們常說的「內心強大才是真正的強大」。

現在，很多人過於追求外在的人生高度，追求金錢、地位、名利等身外之物，忘記了自己的心也需要一種高度。許多時候，人們把那些能夠幫助自己成功的學問當作讓心靈強大的法寶，瘋狂地實踐它們，卻收效甚微。因此，人們時常疑惑：為什麼我天天讀卡內基（Dale Carnegie）還是將人際關係處理得一團糟為什麼我天天讀《曾國藩》還是仕途失意？為什麼我日夜學胡雪巖仍然在貧困中掙扎？原因就在於，人們對這些大人物的模仿未得其精髓，只學得其形，未學得其神。說白了，就是一個人如果沒有經歷和那些大人物一樣的心路歷程，光是模仿他們的行為是沒有用的，這也進一步論證了「心」的重要性。

所以，人們在處理一個問題或做一件事時，最好的方式就是全身心投入，以全部的心力去探究其本質，於問題本身發掘內在連繫，這樣心性內在的巨大力量，將會幫助我們發現規律、找出答案，解決人生中的現實問題。

敢為天下先

人須在事上磨，方能立得住，方能「靜亦定，動亦定」。

真的英雄勇於面對現實，勇於披堅執銳，敢擔當，敢負責。天下事，總在局外吶喊終是無益，總須躬身入局，成事乃可冀。

人活一世，若只知道在修養內心上下功夫，而忽略了這功夫在實際中的應用，那麼，當我們遇到事情的時候就不知應變。因此，人必須親自經歷各種事情的磨練，才能深得其意，才能「靜亦定，動亦定」。凡人如此，聖人更是如此。

老子有「三寶」之說：一曰慈，二曰儉，三曰不敢為天下先。而儒家的路線正合了老子的第三寶：不敢為天下先。儒家傳統思想尊崇不為天下先，這一想法保全了儒家思想，卻苦了天下百姓，以至於影響了後世的儒家精神，只能規規矩矩走臣道的路子，希望「致君堯舜上，再使淳」。然而，由於受到各種客觀環境的限制而力不從心，事與願違。

正所謂「坐而論道，不如起而行之」。一個人口口聲聲說自己有理想、有抱負，而不去付諸行動，誇誇其談又有何用？臨淵羨魚，不如退而結網，只有真正地行動起來，將想法落到實處，這種思想才有意義。

不幸的是，自古以來，世人心中就根深蒂固地存在著「人怕出名，豬怕肥」的，更常出現用「打出頭鳥」來警示眾人的做法。「木秀於林，風必摧之；堆出於岸，流必湍之；行高於人，眾必非之」，這段出自三國魏人李康〈運命論〉的論調，對今人影響太深，大多數人已經失去了敢為天下先的勇氣。然而，上至一國之君，下至有志之士，要想成大事，就必須挺起脊梁，敢為天下先。那些真正勇於站出來行動、走前人未走之路的人將成為天下人的楷模。

人們都熟悉古代的醫藥名著《本草綱目》，它的作者是李時珍。李時珍的父親李言聞是當地名醫。李時珍繼承家學，尤其重視本草，並富有實踐精神，肯向人民群眾學習。

在行醫的十幾年中，李時珍閱讀了大量古醫籍，又經過臨床實踐發現古代的本草書籍「品數既煩，名稱多雜，或一物析為二三，或二物混為一品」（《明外史本傳》）。特別是其中的許多毒性藥品，竟被認為可以「久服延年」而遺禍無窮。於是，他決心要重新編纂一部本草書籍。

在編寫《本草綱目》的過程中，最使李時珍頭痛的是藥名的混雜，藥物的形狀和生長的情況十分不明。過去的本草書，雖然做了反覆的解釋，但是由於有些作者沒有深入實際進行調查研究，只是在書本上抄來抄去，在「紙上猜度」，所以越解釋越糊塗，而且矛盾百出，莫衷一是。

在父親的啟發下，他既「蒐羅百氏」，又「採訪四方」，深入實際進行調查。李時珍時常在徒弟龐憲、兒子建元的伴隨下，遠涉深山曠野，遍訪名醫宿儒，搜求民間驗方，觀察和收集藥物標本。就這樣，李時珍經過長期的實地調查，搞清了許多藥物的疑難問題，完成了《本草綱目》的編寫工作。

李時珍透過研究歷代本草學的著作，得出了時代不斷在前進，科學總是在進步的結論，認為後人必然會超過前人，科學不會總是停留在一個地方停滯不前。他說，今人總是要「發現前人未到之處」，因而他勇於懷疑古人，批判地繼承前人的成就。無論是今人還是古人的，是經典著作還是一般專著，他都勇敢批判錯誤，而不是迴避矛盾。李時珍的廣泛涉獵，使他對於自然界的變化萬千的現象，具有高超的鑑別能力，這一切都值得後人借鑑。坐而論道可以氣象萬千，起而行之才會乾坤隨我旋轉。有志向、有目標卻不能身體力行，而是寄希望於他人，何其遺憾，何其可嘆！這也正是並非有才之人就可流芳百世，而勇於挺身而出、敢為天下先的英雄常為人稱道、受萬世敬仰的原因。當今正值改革日盛、變化萬千之際，有志之士、有才之輩當坐言起行，敢為天下先，把握機會，開創一番豐功偉業，展現現代的英雄風範。

第二章　在逆境中修練強大內心

人生有苦有樂，人們不僅要盡情享受順境時的快樂，也要懂得品味逆境中的痛苦，不論處於什麼樣的逆境，始終不要放棄希望。王陽明就是一個能夠與逆境共處的人，他珍惜自己，熱愛生命，並善於在逆境和失敗中迅速調整心態，適應新的環境，尋獲新的目標。如果人們能像王陽明一樣不被生活中暫時的失敗、打擊和磨難嚇倒，始終樂觀地面對生活，就能成為內心強大的人。

正確對待不如意之事

人於此處多認做天理當憂，則一向憂苦，不知已是「有所憂患，不得其正」。

王陽明認為，人在遭遇父母過世這樣的傷心事時，按照天理就該憂慮，因而常常恨不得一下子哭死來化解心中的痛苦，一味地愁苦，卻不知道「過度愁苦以至於不能保持心態中正平和」的道理。心一旦不能中正平和，做人做事就容易失去分寸。其實，王陽明是在告誡人們要正確對待不如意的事，不要過度悲傷、愁苦。

從心理學的角度來說，悲觀、愁苦等負面的情緒常常會讓人們失去判斷力。所以，一個人在悲傷、愁苦的時候，一定不要著手重要事情的裁決，尤其是可能會對我們的生活產生深遠影響的人生大事，因為悲傷、愁苦會使你的決策缺少深入全面的思考。一個人在看不到希望時，仍能夠保持樂觀，善用自己的理智，是十分不容易的。

俗話說：「人生不如意十八九。」在現實生活中，每個人都會遇到不順心、不如意的事，這是無法避免的。但值得慶幸的是，我們雖然不能決定外界的環境，但是可以決定自己的心靈選擇。

當心停留在事物的光明面時，我們將會發現事物樂觀的一面，從中得到有益的啟示。也就是說，當你善於用正向、樂觀的心態看待問題時，任何不如意之事，都像是上天賜予的禮物，能讓你看到機會和得到心靈上的成長。

有個人從事銷售工作的第一年，因為經驗不足而常常遭到別人的拒絕，這使他的心靈受到很嚴重的打擊和折磨，消沉到了近乎絕望的地步。

一天，他心情鬱悶地來到空曠無人的鄉下散步，想放鬆一下身心。在田埂邊撒尿時，見到一隻青蛙蹲在田邊，無聊之下，便把尿撒在青蛙的頭上。

他原以為會看到青蛙在突如其來的襲擊下狼狽逃跑的情景。誰知，那隻青蛙不但毫無逃走的意思，反而睜著眼睛舒舒服服地蹲在原地，一副很享受的樣子。在它看來，這似乎不是一種羞辱，而是一次暖和、舒適的溫水淋浴。

那個業務員看到此情此景，心頭一動，閃過一道靈光：「以前我總是把客戶的拒絕視為對自己的羞辱，覺得自己做的工作很低賤。我能不能改變一下自己的心境呢？就像這隻青蛙一樣，把無理的羞辱視為一種享受，當作一種提升自己心靈不可缺少的機會。這樣，即使遭到再多的拒絕，我只要能保持冷靜、接納、樂觀的心境，所謂的羞辱又怎能進入我的內心呢？」

自從悟到這個道理後，他不再害怕別人的拒絕，反而深入了解每次被拒絕的原因，用以提升自己的銷售能力，他的業績也越來越好，連續多年獲得推銷冠軍，成為名副其實的「推銷之王」。

如果故事中的銷售員沒有正確對待客戶的屢次拒絕，那他的負面情緒就會阻礙他繼續努力工作，也就不會有後來的成功。

每一天，生活都會帶給我們不同的情緒，其實這都是由我們的心靈所決定的。在遭遇危機時，若能夠正確對待那些不如意的事——不要過度愁苦，用一種接納、正向的心態去面對，就能獲得一個有意義、快樂的人生。

坦然地面對失敗

譬如行路的人，遭一跌跤，起來便走，不要欺人做那不曾跌倒的樣子出來。

王陽明認為，面對失敗，要保持淡定，這就好像一個人在走路時突然摔了一跤，爬起來拍拍灰塵，審視身體沒有摔傷後繼續走路，而不是自欺欺人裝出沒有摔倒的樣子，更不要站在原地不敢動。

高峰與谷底、成功與失敗都只是人生的一段旅程。今天處於高峰不代表日後會成功，今天的失敗也不能代表日後仍然處在谷底。正是這一段段不同的旅程才成就了此時此刻的我們，塑造著以後的我們。然而，在谷底和高峰、失敗和成功相互轉化的過程中，每一個轉折都需要我們從容面對，淡然處之，勇敢繼續下一段旅程。

貶謫龍場可以算得上是王陽明仕途生涯中的一次失敗，但面對失敗，他沒有逃避，也沒有自暴自棄，而是思考儒、釋、道思想，於艱難的生命波濤中尋找立身之本。他針對程朱理學越來越脫離人的生命而知識化、外在化的傾向，尤其是其尚未暴露出來的理論體系支離破碎的弊病，以更加簡易直截的功夫與「先立乎其大」的入手方法，開闢了另一條與朱子不同的成德之學，從而拓寬了主體自立自主的精神價值世界，展示了道德自律與人格挺立的實踐精義及具體路徑。正是因為王陽明淡定地面對自己的失敗，學會從失敗中汲取力量，才開創了心學。

每個人都可能面對失敗。但對生活的如意或不如意有決定性作用的，並不是人生的際遇，而是思的瞬間；成功或不成功，有時候也不是由個人的努力所決定，而是取決於意念的轉換。當生活與感情皆陷入泥潭時，倘若連開啟下一段旅程的勇氣都沒有，豈不是要永遠陷在失敗的泥潭中嗎？

一個秀才模樣的人悠閒地走在滿是塵土的路上，這個秀才揹著詩詞，搖頭晃腦，滿是愜意的模樣。

秀才出門已經一年多了，目的是進京趕考，但是他考場失利、名落孫山，心情黯淡地度過了幾個月的黑色時光，整日借酒消愁，以淚洗面。兩個月前，他和幾個朋友共遊，與一老人相談，秀才道出了心中的苦悶。老人聽後，說道：「昨天早上與你說話的第一個人是誰？」

秀才回道：「這個已經忘了。」

「那明天你會遇到什麼人？」

「這個我哪裡知道，明天還沒來。」

「此時此刻，你面前有誰？」

秀才愣了一下，說：「我面前當然是您啊！」

老人輕輕點頭道：「昨天之事已忘卻，明日之事尚未來，能把握的唯在此刻，你又何必對過去之事耿耿於懷？因為明天不可知，昨日已過去，不如放下掛念，平淡對之，你並沒失去什麼，不過是重新開始。」

秀才瞪大雙眼，等著老人繼續說下去。

老人接著說道：「既然是新的開始，又何來執著於以前？如潺潺溪水，偶被沙石所阻，但其終究萬里波濤始於點滴。你可曾明白了？」

秀才微笑著點點頭，此刻的他已經有了新的打算。在京城辦完了一些事情後，秀才告別朋友，踏上了回家的路途。他決定三年之後，再考一次。

常人說，害怕失敗是因為想得太多，想得太多是因為情緒太盛，秀才考場失利後變得頹廢，也是同樣的道理。好在他及時醒悟——心境歸於平淡，目標得以重新確立。在這個秀才身上，我們看到的並不是放棄後的心如止水，兩眼迷離，而是再度追逐的豁然。因為這種豁然，不再對過去的遺憾耿耿於懷，不再對未知的將來做不確定的暢想，心落在了此時此刻，即此時此刻需要做的事，以及如何將其做好。

作家林貴真說：「生命是個橘子，自己決定了生命，就像你選擇買了這個橘子，酸甜就要自己負責了。生命是個橘子，一瓣跟著一瓣，有時一瓣瓣是甜的，也有時是酸的，但要親自嘗了才酸甜自知。」生命本是一段路，每一段旅程，都需要一個開始，都需要你自己去體驗、鍛鍊，去接受成功與失敗。

事實上，成功者能夠不斷得到成功不在於他們多麼有智慧，而是在於他們無論是成功還是失敗都勇於往前邁一步，哪怕只是小小的一步。王陽明之所以鼓勵人們在摔跤後爬起來繼續走，是因為他深知淡定地面對失敗，是從失敗走向成功的最快方法。

用心感受生活中的苦與樂

雖則聖賢別有真樂，而亦常人之所同有。但常人有之而不自知，反自求許多憂苦，自加迷棄。雖在憂苦迷棄之中，而此樂又未嘗不存。但一念開明，反身而誠，則即此而在矣。

王陽明在開導弟子陸原靜時說：「聖賢們雖然另有真正的快樂，然而這種快樂一般人也是有的，只是一般人不知道這種快樂，反而替自己找來了許多憂愁苦悶，丟棄了真正的快樂。雖然在憂苦迷茫中丟棄了快樂，但真正的快樂並非就不存在了，只需念頭明朗，在自己身上尋找，便能真正感覺到快樂。」由此可見，人人自身都有快樂，只不過大多數人看不到這種快樂，反而去外面尋找，結果卻得到許多憂愁苦悶。

生活中有苦有樂。生活的波浪在高峰時，人即顯得快樂；在谷底時，人便顯得痛苦。而波浪永遠都是忽高忽低，沒有永恆的上揚，也沒有永恆的下降，所以人生痛苦與快樂交織並行，二者相伴相生，既有矛盾又有連繫。所謂「沒有痛苦也就無所謂快樂」，就是告訴我們要正確對待人生的苦樂。也就是說，人們不能只追求快樂，而討厭煩惱和痛苦。

王陽明二十八歲舉進士，之後他擔任過刑部主事、兵部主事。正當他要為朝廷出力的時候，政治劫難降臨到他頭上。正德元年（西元一五〇六年），因營救南京科道官戴銑、薄彥徽等，王陽明抗疏，觸犯了劉瑾，被罰廷杖，因此下獄，再貶謫貴州龍場做驛丞。在赴任的路上，劉瑾又派人跟蹤追殺，他僥倖逃過一死。之後他又乘坐一商船遊舟山，不料遭遇颶風，船漂流至福建的武夷山。王陽明本想隱居在武夷山，卻又擔心劉瑾找父親的麻煩，於是他到南京探望父親之後，便輾轉到達龍場。

身處逆境固然讓人痛苦，卻能磨礪人的意志，使一個人由脆弱變得堅強，變得有韌性。王陽明歷經了磨難，心性比以前更堅強了。他開始了解群眾疾苦，為生民立命，在艱苦的環境中不斷成長，最終建構了心學理論的大廈。

從長遠來看，痛苦其實是人生最寶貴的精神財富。正如人們常說的：「沒有苦中苦，哪有甜中甜？」哈密瓜比蜜還要甜，人們吃在嘴裡甜在心上，然而，種瓜的老人卻告訴我們：哈密瓜在下秧前，先要在地底下埋上半兩的苦巴豆，瓜秧才能茁壯成長，結出蜜一樣的果實。

人們又常說「吃得苦中苦，方為人上人」、「不經一番寒徹骨，焉得梅花撲鼻香」，成功的快樂，正是經歷艱苦奮鬥後才得到的。古人「頭懸梁，錐刺股」，苦則苦矣，但他們下苦功實現上進之志，本身就是一種快樂，以苦為樂，苦中求樂，其樂無窮。

有一群弟子要出去朝聖。師父拿出一個苦瓜，對弟子們說：「隨身帶著這個苦瓜，記得把它浸泡在每一條你們經過的聖河，並且把它帶進你們所朝拜的聖殿，放在聖桌上供養，並朝拜它。」

弟子走過許多聖河、聖殿，並依照師父的指示去做。回來以後，他們把苦瓜交給師父，師父叫他們把苦瓜煮熟，當作晚餐。晚餐的時候，師父吃了一口，然後語重心長地說：「奇怪呀！泡過這麼多聖水，進過這麼多聖殿，這苦瓜竟然沒有變甜。」幾位弟子聽後立刻開悟了。

苦瓜的本質是苦的，不會因聖水、聖殿而改變；人生是苦的，修行是苦的，由情愛產生的生命本質也是苦的，這一點即使是聖人也不能改變，何況是凡夫俗子！去看過著名油畫大師梵谷的故居的人都知道，那裡只有張裂開的木床和破皮鞋。梵谷一生潦倒困苦，沒有娶妻。但也許正是生活上的困窘，才使他在藝術上有頗高的造詣，成為大師中的大師，使他的作品成為經典中的經典。

對待人生與修行也是這樣的，時時準備受苦，不是期待苦瓜變甜，而是真正了解那苦的滋味。苦瓜本來就是苦瓜，連根都是苦的，這是一個苦瓜的真實情況，變甜只是我們虛幻的期待而已。唯有面對事物的真相，我們才能從中解脫。

當我們接納苦，並把苦看作人生的必然歷程時，苦就不再是世俗的「苦」。同樣，接受樂，把樂當作生命的歷程，樂也不再僅僅是世俗的「樂」。享受生命的盛宴，享受人生的高峰與谷底，感受生活中的苦與樂，由此命運就被我們掌握在手中了。

在苦難中磨練自己

困知勉行，學者之事也。

有位作家曾經這樣描述苦難：「苦難有如烏雲，遠望去但見墨黑一片，然而身臨其下不過是灰色而已。」苦難並不可怕，可怕的是面對苦難缺乏一種從容的健康心態。只要心情有陽光，苦難永遠也不能統治我們的生命；只要夢裡有美景，冬天就永遠也不會來臨；只要在關愛中相互扶持，「黑夜」裡也有最美麗的童話。

不經歷巨大的痛苦，就不會有偉大的事業。我們每做一件事，都會在心中構築一道障礙，直至完成，這些障礙都會一直存在。然而只要心中懷有美麗的「童話」，以樂觀的態度應對發生的一切，「黑夜」裡照樣會開出最美麗的花。

鑑真大師在剃度一年多以後，寺裡的住持還是讓他做行腳僧，每天風裡來雨裡去，辛辛苦苦地外出化緣。

有一天，日上三竿，鑑真依舊大睡不起。住持很奇怪，推開鑑真的房門，只見床邊堆了一大堆破破爛爛的鞋，就問：「你今天不外出化緣，堆這麼一堆破鞋幹什麼呢？」

鑑真懶洋洋地說：「別人一年連一雙鞋都穿不壞，我剛剃度一年多，就穿爛了這麼多雙鞋。」

住持一聽就明白了他的弦外之音，微微一笑說：「昨天夜裡下了一場大雨，你隨我到寺前的路上看看吧！」

寺前是一塊黃土地，由於剛下了一場雨，路面泥濘不堪。住持拍著鑑真的肩膀問：「你是願意做個天天撞鐘的和尚，還是願意做個能光大佛法的名僧呢？」鑑真答道：「我當然想做個名僧了。」

住持接著說：「你昨天是否在這條路上走過？」

鑑真回答：「當然。」住持接著問：「你能找到自己的腳印嗎？」

鑑真十分不解地說：「昨天這路上又乾又硬，怎能找到自己的腳印呢？」住持沒有再說話，邁步走進了泥濘裡。走了十幾步後，住持停下腳步說：「今天我在這路上走了一趟，能找到我的腳印嗎？」鑑真答道：「當然能了。」

住持聽後拍拍鑑真的肩膀說：「泥濘的路上才能留下腳印，世上芸芸眾生莫不如此啊，那些一生不經歷風風雨雨、碌碌無為的人，就像一雙腳踩在又乾又硬的路上，什麼足跡也沒留下。」

鑑真頓時恍然大悟：泥濘留痕。

苦難是煉獄，我們應該勇敢地面對苦難，在苦難中不斷地磨練自己，而不是將苦難看作人生不可踰越的鴻溝。為什麼在各種災難之中會有人奇蹟般地活下來？不是因為他們比別人更幸運，而是因為他們有著別人所沒有的意志力，他們相信自己可以挺過去，於是咬緊牙關，最終渡過了難關。

人處逆境之中，可以明智，處順境之中，刀光劍影立於前猶不自知。人往往身處逆境，人格、本領才會得到提高，此時的磨難不是一種苦果，而成了錘鍊人心的工具。一切的磨難、憂苦與悲哀，都是鑄就優秀品格的資本。正像田單處逆境而成功，居順境而無所作為一樣。我們在面對苦難與憂患的時候，如果能保持一顆平常心，對任何事情都清楚明淨，居安思危，那麼就沒有什麼事情是做不成的。

曾看到一句話：「生活有多難，就有多勇敢。」走過的不只是經歷，更多的是心的滿足。從薄脆到豐盈，亦如春，萬物復甦，生命經歷輪迴而重新綻放，但是人的生命只有一次，所以我們要在有限的日子裡完成無限的自我超越和前進，故而我們需要倍加珍惜當下的每一步、每一個選擇。只要依照本心做事，好好地地履行自己的使命和責任，那麼自己的世界就是光明的。

每個人的人生都有「黑夜」，然而只要你在「黑夜」裡種一顆光明的種子，它總會生根、發芽，最後開出光明的花朵。

做頂天立地的大丈夫

豈有邪鬼能迷正人乎！

文天祥面對死亡，瀟灑題下「人生自古誰無死？留取丹心照汗青」；譚嗣同在押赴刑場之前，壯烈地寫下「我自橫刀向天笑，去留肝膽兩崑崙」；婉約詞人李清照，曾在她的〈夏日絕句〉中流露出對項羽的大丈夫氣概的欽佩之情：「至今思項羽，不肯過江東。」如此情懷，壯烈豪邁，氣衝霄漢，令人敬佩不已。

堪稱大丈夫之人，必有頂天立地、剛正不阿之品德。王陽明有言：「豈有邪鬼能迷正人乎！」剛正不阿之人，即便是邪惡鬼神也不能使其心智迷亂，如此才能面對殘酷的現實，即使身心受創，仍能奮然而起，成就一番事業。

年輕時的司馬遷為繼承父親遺志，計劃寫一部全面記述所有歷史的「史書」。在他進行了長達二十年的知識累積，開始寫作這部歷史鉅著的時候，李陵事件發生了。當時朝廷專管刑法的廷尉杜周，為了討好當朝皇帝，竟將無辜的司馬遷判了「腐刑」（即割去男人的生殖器官）。按照當時漢朝的法律，被判了刑的犯人是可以用錢來贖罪的，但是司馬家世代為史官，根本拿不出贖金，因此他只能屈辱地受刑。

遭受如此酷刑，乃人生的奇恥大辱。司馬遷經過了無數個日夜的痛苦煎熬，終於豁然開朗——周文王被紂王關在羑（一ㄡˇ）里，寫出了《周易》；孔子一生困厄不得志，但他孜孜不倦地教育學生，並且修訂了《春秋》；左丘明眼睛全盲，以巨大的毅力完成了《國語》；屈原遭人排擠誣陷，流放他鄉，卻寫出了名著〈離騷〉；孫臏遭朋友龐涓陷害，被挖掉了兩個膝蓋骨還能忍辱負重，寫出《孫臏兵法》。歷史上這些堅毅之人的事蹟給了司馬遷莫大的鼓舞，他決心拋棄個人的悲痛與屈辱，效仿古人，完成自己的宏願。

司馬遷出獄後，漢武帝讓他當了中書令。他以巨大的毅力忍受著朝廷上下投來的鄙視與嘲諷的目光，經過了十數年堅韌不拔的艱苦努力，終於完成了空前的歷史鉅著《史記》。

司馬遷雖遭逢奇恥大辱，但他並不因此而屈服，並未放棄自己用一生的精力收集來的材料以及成「一家之言」的理想。如此堅毅頑強，絕非由個人的才能高低所決定，而是來自於「大丈夫」的道德品格的力量。黃宗羲的《宋元學案》說道：「大丈夫行事，論是非，不論利害；論順逆，不論成敗；論萬世，不論一生。」大丈夫之所以能「論是非、論順逆、論萬世」，是因為在其心中萬事以「仁義」為先，以道德為本。

正所謂，「玉可碎，而不可改其堅；蘭可移，而不可減其馨」只有具備「玉碎而志不改」的堅毅品格，才能成為頂天立地的大丈夫，經受住風霜雨雪的磨練而成就人生大業。

消除恐懼的良藥是自信

來書云：「夫子昨以良知為照心。竊謂良知，心之本體也；照心，人所用功，乃戒慎恐懼之心也，猶思也。而遂以戒慎恐懼為良知，何歟？」

能戒慎恐懼者，是良知也。

王陽明認為，能夠讓人戒慎恐懼的就是良知。這裡的良知，指的是人們不畏恐懼、面對恐懼的自信和勇氣。

恐懼是人生命情感中難解的癥結之一。在自然界和人類社會中，生命的程式從來都不是一帆風順的，總會遇到各式各樣意想不到的挫折、失敗和痛苦。一個人若預料將會有某種不良後果產生或受到威脅時，就會產生恐懼，並為此緊張不安，從輕微的憂慮到驚慌失措。

就像國學大師馮友蘭先生所言：「我們於空襲時，雖處很安全的地方，而總不免於怕，此即為空襲所累。確切地說，我們不是為空襲所累，而是為怕空襲所累也。更有人於無警報時，亦常憂慮警報之將來，他的累即更大。他的累不是警報，而是憂慮警報。對於憂慮警報的人，我們可以說，雖警報不來，而『性情已困』矣。」簡單地說，人們恐懼的其實是恐懼本身，而那些引發恐懼的對象，並沒有想像中那麼駭人。

從心理學上來看，恐懼產生的根源在於人們根深蒂固的依賴情結，對他人的依賴、對物質的依賴、對想法的依賴都會帶來恐懼。也就是說，當我們不夠獨立，不能完全做自己而必須仰仗別人時，我們的內心就會充滿不安和恐懼，害怕被遺棄，害怕失去已有的一切。

當我們發現依賴其他人和事並不能幫助我們擺脫恐懼時，人們會轉而向自我的心靈求救，試著培養那些可以與恐懼抗衡的力量，如勇氣、信任、知識、希望、屈從、信仰及愛。這些力量不僅幫助我們接納恐懼，分析恐懼，還能以百折不撓的精神與恐懼奮戰。有了這些力量的庇護，我們就可以交出自己，避開那些阻塞生命能量流動的恐懼。

說到交出自己，許多人也許會疑惑：「交出自己，多少都會攪亂我們原有的生活，也許還會破壞我們的私人空間及人格的完整。」因為每一次敞開心扉、每一次心有所屬、每一次為所愛的人付出的時候，人們都會不由自主地處於敏感脆弱的境地，從而妥協讓步，把自己完全交給另一個人，這往往會讓人們陷入害怕失去自我的恐懼。然而，當你真正嘗試著去做這些時，你會發現你的心中只有愛，沒有恐懼。

對於這一點，王陽明十分贊同。在他看來，致良知，就是要求人們用自信去面對恐懼。因為戰勝恐懼的力量只在我們直接面對恐懼事物的瞬間產生。如果想得越多，潛能就被自己封鎖得越嚴，最後只會相信自己絕無那種抗拒恐懼的能力；相反，如果你忘了恐懼，自信且勇敢地面對生活，坦然地面對生活中的苦難，你會發現生活原來一直都很美好。正如著名文學家魯迅先生所說：「人生的旅途，前途很遠，也很暗。然而不要怕，不怕的人的面前才有路。」

將自己雕琢成一塊璞玉

常人之心，如斑垢駁雜之鏡，須痛加刮磨一番，盡去其駁蝕，然後纖塵即見，才拂便去，亦自不消費力。到此已是識得仁體矣。

王陽明認為，聖人的心如鏡子般明亮，丁點纖塵都無所容。而普通人的心就像一面滿布塵埃、汙垢的鏡子，必須要狠狠地刮磨掉鏡面上的汙垢，才能清楚地照見自己的本來面目，即使偶爾沾上灰塵也要很快地擦拭掉。如果人們能做到這一點，就已經是「致良知」了。這其實就是王陽明常說的「在事上磨練」的功夫。

《詩經》中說：「如切如磋，如琢如磨。」意思是說，人生猶如一塊璞玉，必須在切、磋、琢、磨中精心打磨，只有努力來雕琢這塊璞玉，才能使它成為完美無瑕的藝術品。這和王陽明的心如汙鏡是一樣的道理，無論是刮磨鏡面的汙垢，還是打磨璞玉，都是人們磨練心性的象徵。王陽明的一生歷經了種種艱難險阻，在他看來，這些都是磨練心性的過程。

《傳習錄》中記載：王陽明的學生陸澄暫居鴻臚寺時，突然接到家中的來信，說是兒子病危。聽到這個消息後，陸澄甚是擔憂。王陽明開導陸澄，這正是一個磨練的機會，平日講學探討都沒有什麼用。只有在遇到困難的時候用功夫，才能夠真正提升自己的能力。

王陽明就是抱著要到達更高的人生境界，就得經歷千苦百難的心態，才磨練自己的心性，體會人生的味道，慢慢雕琢粗糙的自我，漸漸將心性打造成美玉的。像王陽明這般，仔細思索自己的人生，會發現頑石中隱藏著連自己都不曾察覺的美玉。如果不精雕細琢，安於粗陋的人生，那麼我們終將平庸一世。

當然，並不是每一塊石頭都能雕琢成璞玉，不是每一個貝殼都可以孕育出珍珠，也不是每一粒種子都可以萌生出幼芽。一個人的意志得不到磨練，就不可能有向上的動力。只有那些遇到挫折而不退縮的人，才能活出生命的意義。

很久以前，有一個養蚌人，他想培養一顆世上最大最美的珍珠。

他去海邊沙灘上挑選沙礫，並且一顆一顆地問那些沙礫，願不願意變成珍珠。那些沙礫都搖頭說不願意。養蚌人從清晨問到黃昏，快要絕望了。

就在這時，有一顆沙礫答應了他。

旁邊的沙礫都嘲笑起那顆沙礫，說它太傻，去蚌殼裡住，遠離親人、朋友，見不到陽光、雨露、明月、清風，甚至還缺少空氣，只能與黑暗、潮溼、寒冷、孤寂為伍，不值得。

但那顆沙礫還是無怨無悔地隨著養蚌人去了。

斗轉星移，幾年過去了，那顆沙礫已長成了一顆晶瑩剔透、價值連城的珍珠，而曾經嘲笑它傻的那些夥伴，依然只是一堆沙礫。

我們只是眾多沙礫中最平凡的一顆，但只要我們有成為珍珠的信念，並且堅定不移，當走過黑暗與苦難的長長隧道時，我們就會驚訝地發現，在不知不覺中，我們已成長為一顆珍珠。

雕硯也是如此。硯石最初都是工匠從溪流裡涉水挑選而來，石塊呈灰色，運回後首先要曝晒，因為許多石頭在溪流裡十分潤滑，卻有難以發現的裂痕，只有不斷地日晒雨淋才能顯現。未經打磨的石頭，表面粗糙，不容易看出色彩和紋理，但在切磨打光之後，就能完美而持久地呈現。雕硯最重要的一步就是修底，因為底不平，上面不著力，就沒有辦法雕好，無論多麼細緻的花紋與藻飾，都要從最基礎開始。

做人也是如此，無論表面怎樣，經過思索，才會呈現出美麗的紋理。在生活中歷練，正如在雕硯時磨礪，外表敦厚內心耿介的君子，經過心志與肌體的勞苦之後，方能承擔大任。修底與磨礪都是正身的過程，戒與慎則是正身的方法。

王陽明注重的是將受束縛的常人之心變換為聖人之心，這雖然是一個很艱難的改變過程，但是憑藉永不退縮的勇氣和毅力就可以完成。人生也是需要經過磨練的，不經過反覆磨練，自己就會一直停留在原始狀態。因此無論在怎樣的環境裡都要精心思索，否則就不可能成就自己的人生，實現自己的價值。

寂寞是一種清福

聖人之道，吾性自足，向之求理於事物者誤也。

王陽明被遠貶龍場初期，不能適應當地艱苦的生活，並且產生精神上的寂寞，心情十分悲涼。為了排遣心中的鬱悶，他日夜端居默坐，澄心靜慮，希望透過靜坐來理清自己的思緒。這是耐得住寂寞的表現，他也因此悟出了一個道理：聖人處世，在於自足七性，而不在向外求理。從此，王陽明就開始了用寂寞催生自己心靈成長的龍場悟道之旅。

在成功之前，大多數人必然要經歷一段被自己埋沒也被他人埋沒的過程。在這段時間內，如果因一時的不被賞識而暴躁不安，很可能會前功盡棄；而如果暫時安下心來，耐心等待，於寂寞中養精蓄銳，甚至享受寂寞，這種經歷往往會令整個人生受益匪淺。

寂寞固然令人痛苦，但也能讓人變得更加堅強、成熟。安靜的環境能夠讓一個人獲得心靈的寧靜，不容易受到外界瑣事的干擾。正如一位西方哲學家所說：「世界上最強的人，也是最孤獨的人。只有最偉大的人，才能在孤獨寂寞中完成他的使命。」

王陽明在貶謫期間飽嘗各種人生摧殘與折磨。為了擺脫寂寞和苦楚，他興辦書院、傳遞文化；還經常和當地人交流，深刻感受到當地民眾質樸人性的可貴。譬如，彝族首領安貴榮知道他在龍場的艱難處境後，便主動給予他生活上的照顧，使他透過與少數民族「禮益隆、情益至」的密切交往，激發他悟道傳道的熱情。王陽明用他的親身經歷證明了一個真理：只要能耐得住寂寞，不斷充實、完善自己，當際遇向你招手時，你就能很好地把握，獲得成功。

耐得住寂寞，是所有成就事業者都必須遵循的一項原則。他以踏實、厚重、沉思的姿態，以嚴謹、嚴肅、嚴峻的態度，追求人生目標。當人生目標價值得以實現時，不喜形於色，以更低調的人生態度去探求新的奮鬥目標和途徑。

只要你耐得住寂寞，寂寞就不是一種痛苦，而是一種清福。正像梁實秋先生所描繪的那樣：「寂寞是一種清福。我在小小的書齋裡，焚起一爐香，裊裊的一縷煙線筆直地上升，一直戳到頂棚，好像屋裡的一切是絕對的靜止，我的呼吸都沒有攪動出一點波瀾似的。我獨自暗暗地望著那條煙線發怔。屋外庭院中的紫丁香還帶著不少嫣紅焦黃的葉子，枯葉亂枝的聲響可以很清晰地聽到，先是一小聲清脆的折斷聲，然後是撞擊枝幹的磕碰聲，最後是落到空地上的拍打聲。這時我感到了寂寞。在這寂寞中我意識到了我自己的存在片刻的孤立的存在。」

如果你勇敢地接受寂寞，擁抱寂寞，以平和的愛心關愛寂寞，你會發現：寂寞並不可怕，可怕的是你對寂寞的懼怕；寂寞也不煩悶，煩悶的是你自己內心的空虛。寂寞的人，大多是感情最為豐富、細膩的人，他們往往能體驗他人所不能體驗的生活，感悟他人所不能感悟的道理，發現他人所不能發現的思想，得到他人所不能得到的能量，最後成就他人所不能成就的事業。因此，王陽明提倡人們應接受寂寞，並學會用寂寞促進心靈的成長。

第三章　大格局者，胸懷坦蕩能容物

一個人有博大的胸襟，能夠包容、寬恕他人對自己有意無意的傷害，是讓人欽佩的；能夠包容、寬恕他人的過失，是對他人改過自新的最大鼓勵；能夠包容、寬恕他人對自己的敵視、仇恨，是自身人格至高的表現。這樣的人也能夠因包容他人而成就自己，像王陽明一樣成為能容能恕的大人物。

無論他人譽與謗，只管做好自己

問：「叔孫、武叔毀仲尼，大聖人如何猶不免於譭謗？」

先生曰：「譭謗自外來的，雖聖人如何免得？人只貴於自修，若自己實實落落是個聖賢，縱然人都毀他，也說他不著。卻若浮雲掩日，如何損得日的光明？若自己是個象恭色莊、不堅不介的，縱然沒一個人說他，他的惡慝終須一日發露。所以孟子說：『有求全之毀，有不虞之譽。』毀譽在外的，安能避得？只要自修何如爾。」

有人問王陽明：「《論語》中記載叔孫、武叔誹謗孔子，為什麼聖人孔子也避免不了被人誹謗呢？」

王陽明說：「誹謗是從外面來的東西，即使是聖人也不能夠避免。人貴在自我修養，假若自己確確實實是個聖賢之人，縱然別人都來誹謗他，也不會對他有任何損害，就好像浮雲遮蔽太陽，浮雲怎麼可能對太陽的光明有所損害呢？假如一個人只是一個表面端莊、內心醜惡的人，即使沒有一個人說他，他的醜惡總有一天也會暴露出來的。所以孟子說：『有求全之毀，有不虞之譽。』誹謗、讚譽是外來的，怎麼能避免？只要有自我修養，外來的毀譽就算不了什麼。」

王陽明平定寧王朱宸濠的叛亂之後，天下誹謗和議論他的人越來越多。關於原因，有人認為王陽明的功績越來越大，權勢也越來越大，天下嫉妒之人就越來越多；也有人認為王陽明的學說越來越普及，所以為宋朝的學者爭辯的人越來越多等等。但王陽明對誹謗和議論並不在意，只是一心一意地修養自己的心性，盡心盡力地傳承「致良知」的思想。他深知「濁者自濁，清者自清」的道理，即當謠言、誹謗來臨的時候，不需要急著去澄清，只需要自己心境坦蕩，謠言、譭謗自然不攻自破。

莊子在〈齊物論〉中寫道：「夫大道不稱，大辯不言，大仁不仁，大廉不謙，大勇不忮。道昭而不道，言辯而不及，仁常而不成，廉清而不信，勇忮而不成。」意思是說，至高無上的真理是不必稱揚的，最了不起的辯說是不必言說的，最具仁愛的人是不必向人表示仁愛的，最廉潔方正的人是不必表示謙讓的，最勇敢的人是從不傷害他人的。總之，真理完全表露於外那就不算是真理，逞言肆辯總有表達不到的地方，仁愛之心經常流露反而成就不了仁愛，廉潔到清白的極點反而不太真實，勇敢到隨處傷人也就不能成為真正勇敢的人。能具備這五個方面的人可謂是悟到了做人之道。

真理不必稱揚，會做人不必標榜。真正有修養的人，即使在面對誹謗時也是極其具有君子風度的。

蘇軾因「烏臺詩案」入獄，一年後，皇帝為了試探他，特地派一個太監裝成犯人入獄和蘇軾住在同一個監牢。

白天吃飯時，太監用言語挑逗他，蘇軾牢飯吃得津津有味，答說：「任憑天公雷閃，我心巋然不動！」夜裡，他準備睡覺，太監又撩撥道：「蘇學士睡這等床，豈不可嘆？！」蘇軾不理會，倒頭就睡，而且鼾聲大作。

第二天一大早，太監推醒他，說道：「恭喜大人，你被赦免了。」要知道，那一夜可是危險至極啊！蘇軾晚上若有不能安睡的異樣舉動，太監就有權照諭旨當即處死他！

「君子坦蕩蕩，小人常戚戚」，蘇軾是君子，當然就能夠坦坦蕩蕩了。雖然做到坦蕩並不是一件容易的事，但我們也應努力做一個坦蕩蕩的君子，努力修養自己的心性，讓自己在任何時候都能夠踏踏實實地睡覺。

在現實生活中，言來言去，自然難免失真之語。誹謗就是失真之語中的一種惡意傷害他人的行為。俗語云：「明槍易躲，暗箭難防。」在很多時候，誹謗與流言並非我們所能夠制止的，有人的地方就有流言。而我們對待流言的態度則顯得尤為重要，正如美國前總統林肯（Abraham Lincoln）所說：「如果證明我是對的，那麼人家怎麼說我都無關緊要；如果證明我是錯的，那麼即使花十倍的力氣來說我是對的，也沒有什麼用。」這與王陽明對待誹謗的態度——遇謗不辯，如出一轍。

用坦然的心態來應對誹謗，濁者自濁、清者自清，誹謗最終會在事實面前不攻自破。這是我們從聖人的思想中擷取的智慧之花。在現實生活中，擁有「不辯」的胸襟，就不會與他人針尖對麥芒、睚眥必報，這才是擁有聖人智慧的表現。

做到中正平和，關鍵在於慎獨

澄嘗問象山在人情事變上做功夫之說。

先生曰：「除了人情事變，則無事矣。喜、怒、哀、樂非人情乎？自視、聽、言、動，以至富貴、貧賤、患難、死生，皆事變也。事變亦只在人情裡。其要只在『致中和』，『致中和』只在『謹獨』。」

「謹獨」即「慎獨」，所謂「慎獨」，是指人們在獨自活動無人監督的情況下，憑著高度自覺，按照一定的道德規範行動，不做任何有違道德信念、做人原則之事。自古以來，「慎獨」都被視為人們進行個人道德修養的重要方法，也是評定一個人道德水準的關鍵性環節。

對於「慎獨」，〈大學〉將其與「誠」結合起來：「所謂誠其意者：毋自欺也，如惡惡臭，如好好色，此之謂自謙。故君子必慎其獨也！小人閒居為不善，無所不至，見君子而後厭然，掩其不善，而著其善。人之視己，如見其肺肝然，則何益矣。此謂誠於中，形於外。故君子必慎其獨也。」大意是說，君子應內外一致，不自欺欺人。對於壞的東西要像厭惡腐臭那樣，將其除掉，對待好的事物要像喜歡美麗的顏色那樣，力求得到。在一個人獨處的時候，君子也要做到不自欺。而小人在無人監督的情況下，什麼壞事都敢。一旦見到有道德的君子在旁邊，馬上遮掩，偽裝良善。這樣表裡不一，毫無益處。要知道，一個人內心的誠意有多少，很容易從他的外表體現出來。因此，人們務必在任何時候都謹慎地嚴格要求自己，形成高度自覺。

元代大學者許衡有一天外出辦事，走到半途，因為天氣炎熱，口渴難耐，正好路邊有一棵梨樹。行人們紛紛去摘梨解渴，只有許衡一個人不為所動。

這時，有人問他：「這麼熱的天，你一點也不渴嗎？」

許衡說：「我其實很渴。」

那人又問：「既然口渴，你為什麼不去摘梨吃呢？」

許衡說：「那不是我的梨樹，我怎麼可以隨便摘梨呢？」

那人笑他迂腐：「現在世道這麼亂，管它是誰的梨呢！」

許衡笑道：「梨雖無主，我心有主。」

兩相比較，不難發現：那些摘梨的行人就像〈大學〉中所說的「小人」一樣，在無人監督的時候，什麼壞事都敢做，並不以為意。而許衡卻能秉持「慎獨」的精神，不去做那些違背良知的事情，因此他擔得起「君子」的稱號。

現實生活中，常有這樣的現象：一些人在眾人面前講究衛生，獨自一人時卻隨地吐痰、亂垃圾；一些人在有警察執勤的時候遵守交通規則，一旦路口無人值守就闖紅燈……這些現象都表明：一個人在沒有監督而獨處的情況下，嚴於律己，遵道守德，恪守「慎獨」是十分必要的。

〈中庸〉上說：「是故君子戒慎乎其所不睹，恐懼乎其所不聞，莫見乎隱，莫顯乎微，故君子慎其獨也。」規勸君子慎重承擔自己具有獨立性的生命，不要懷著任何不良心態而自毀自棄。只有修養「慎獨」的功夫，才能避免心靈陷入悔恨和痛苦之中，保持內心的中正平和，這也是王陽明倡導「慎獨」的根本原因。

只要肯「下學」，自然能夠成功

問上達功夫。

先生曰：「後儒教人，才涉精微，便謂『上達』未當學，且說『下學』。是分『下學』、『上達』為二也。夫目可得見，耳可得聞，口可得言，心可得思者，皆『下學』也。目不可得見，耳不可得聞，口不可得言，心不可得思者，『上達』也。如木之栽培灌溉，是『下學』也。至於日夜之所息，條達暢茂，乃是『上達』，人安能預其力哉？故凡可用功、可告語者皆『下學』，『上達』只在『下學』裡。凡聖人所說，雖極精微，俱是『下學』。學者只從『下學』裡用功，自然『上達』去，不必別尋個『上達』的功夫。」

王陽明在向陸澄解釋參悟天理的功夫時說：「後世儒生教人，才涉及精微之處，便說不應當學參悟天理的功夫，只學一些簡單的基礎知識和思想方法，於是將『上達』和『下學』分開了。那眼睛看得見、耳朵聽得到、嘴巴說得出、心裡想得到的，都是『下學』；而那些不能用眼睛看到、耳朵聽到、嘴巴說出、心裡想到的，就是『上達』。比如說樹木的栽種，都是屬於『下學』。至於樹木的生長，就是『上達』，不會被人力干預。所以凡是那些能夠用功學到的、用言語告知的，都只是『下學』，『上達』只存在於『下學』當中。凡是聖人談到的，雖然極其精微，但也只是『下學』而已。學者只需在『下學』的功夫裡用功，自然而然就能達到『上達』的功夫，而不必要在別的地方去尋『上達』的功夫。」

其實，說得簡單一點，「下學」指的是人們日常生活中所做的小事情，「上達」指的是人們良好的修養。在王陽明看來，如果人們能夠認真對待生活中的每一件小事，盡心盡力地做好每一件小事，就能因小成大，修成超凡脫俗的個人修養，獲得幸福與成功。

下面是卡菲瑞先生回憶比爾蓋茲小時候而寫下的文字：

西元一九六五年，我在西雅圖景嶺學校圖書館擔任管理員。一天，有同事推薦一個四年級學生來圖書館幫忙，並說這個孩子聰穎好學。不久，一個瘦小的男孩來了，我先向他講解圖書分類法，然後讓他把已歸還圖書館卻放錯了位的圖書放回原處。小男孩問：「像是當偵探嗎？」我回答：「那當然。」接著，男孩不遺餘力地在書架的迷宮中穿來插去，小休時，他已找出了三本放錯地方的圖書。第二天他來得更早，而且更不遺餘力。完成一天的工作後，他正式請求我讓他擔任圖書館管理員。又過了兩個星期，他突然邀請我到他家做客。吃晚餐時，孩子母親告訴我，他們要搬到附近一個住宅區居住了。孩子聽說轉校卻擔心起來：「我走了誰來整理那些站錯隊的書呢？」

我一直記掛著這個孩子。結果沒過多久，他又在我的圖書館門口出現了，並欣喜地告訴我，那邊的圖書館不讓學生幫忙，媽媽把他轉回我們這邊來上學，由他爸爸用車接送。「如果爸爸不載我，我就走路來。」其實，我當時心裡就有數，這小傢伙決心如此堅定，又能為人著想，則天下無不可為之事。不過，我可沒想到他會成為資訊時代的天才、微軟電腦公司的創始人，美國鉅富——比爾蓋茲。

從中我們可以看出，比爾蓋茲在對待圖書館工作這樣的小事上，就已經表現出一種超乎同齡人的責任心，難怪他能叱吒風雲。

正所謂：「一個人要想成功，就要從簡單的事情做起，不願意做小事的人，很難成就一番大事業。」而生活中，總有人覺得自己可以做一番驚天動地的大事業，那些細瑣小事不應該去理會，而且連替自己開脫的理由也顯得理直氣壯：「成大事者不拘小節。」但是，這些人似乎忘記了一點，聚沙成塔、積水成淵，很多叱吒風雲的人物，都是從簡單小事開始做起的，而他們與我們所不同的只是面對小事的態度。在他們看來，他們所做的事並非小事，而是修養心性、得到人生幸福的大事，也就是王陽明所說的「致良知」的人生大事。

狂者胸次：不被瑣事所擾

先生曰：「我在南都以前，尚有些子鄉愿的意思在。我今信得這良知真是真非，信手行去，更不著些覆藏。我今才做得個狂者的胸次，使天下之人都說我行不掩言也罷。」

尚謙出曰：「信得此過，方是聖人的真血脈。」

無所畏懼，敢作敢為，獲得輕鬆灑脫，這正是王陽明所推崇的狂者胸次。王陽明的狂者胸次不僅體現在「以成聖為第一等事」的遠大抱負上，也體現在他在政治上對權貴的蔑視，以及在學術上對權威（正統理學）的挑戰。聖狂交融，使之有別於正統理學所津津樂道的所謂「醇儒」。聖人之境內含著廟堂的取向，而狂者氣象則可以引向山林中的灑脫。在王陽明思想的深層，確乎交織著廟堂與山林二重情結，他有很強的入世意識，其一生的大部分時光，都是在經世實踐中度過的；但同時又一再流露出對青山幽林的眷戀，正如他自己所說：「我亦愛山仍戀官，同是乾坤避人者。」也正是這份輕鬆灑脫的狂者胸次，才使得王陽明的心不被自己起伏的政治生涯所擾，專心修養自己的心性，全心全意「致良知」，故而才能既成為歷史上有名的軍事家，確保人民生活安寧，又成為心學的開山祖師，幫助人們獲得心靈的安寧、喜悅。

王陽明之所以能夠活得輕鬆、自在、灑脫，是因為他心裡不建立任何概念。當事情發生的時候，他就事論事，不先入為主，不賦予這件事他個人的主觀想法。事情來了就安住在事情上，和事情融為一體，去面對它，處理它；處理完了，就安住在空明的覺知上，最終超越它，也就是所謂的「有事就借事練心，無事就借境練心」。這個「境」指的是心靈的境界，比如境界來了自己是否有所動，比如恐懼、歡喜等，看自己的念頭是如何起，從哪裡起，如何動，又到哪裡去。凡夫是「除境不修心」，聖人是「修心不除境」。從細微處來說，想要獲得輕鬆灑脫，最好的辦法就是不問瑣事，不被瑣事所擾。

牛弘，字里仁，隋朝大臣。他不但學術精湛，位高權重，而且性格溫和，寬厚恭儉。牛弘有個弟弟牛弼，一次牛弼喝醉了酒，竟用箭射死了一頭牛。牛弘回家時，其妻就迎上去對他說：「小叔子把牛射死了！」牛弘聽了，不以為意，輕描淡寫地說：「那就製成牛肉乾好了。」待牛弘坐定後，其妻又重提此事說：「小叔子把牛射死了！」顯得非常著急，認為是件大事，不料牛弘隨口又說：「已經知道了。」他若無其事，繼續讀自己的書，其妻只好不再說什麼。

明代著名文學家馮夢龍評點此事說：「冷然一句話掃卻了婦道人家將來多少唇舌。」想要擺脫瑣事帶來的煩惱，最好的辦法就是放寬心胸，如牛弘一樣，不問家中瑣碎之事。

人生的煩惱多半是自己尋來的，而且大多數人習慣把瑣碎的小事放大。其實，「月有陰晴圓缺，人有悲歡離合」，自然的威力、人生的得失，都沒有必要太過計較，太較真兒了就容易受其影響。因此，人們才說魔鬼不在心外，而在自己的心中。就像王陽明說的：「擒山中之賊易，捉心中之賊難。」這樣看來，敵人就在自己心裡，煩惱痛苦也就是自己的心魔，能將其降伏者，也只有我們自己。你如果能降伏心中的魔鬼，自然能像王陽明那樣活出輕鬆灑脫的「狂者胸次」。

恕人之過，釋人之嫌

及至吾身與至親，更不得分別彼此厚薄。蓋以仁民愛物，皆從此出；此處可忍，更無所不忍矣。

一個人若能有寬宏的度量，他的身邊就會集結大群知心朋友。大度表現為對人、對事能求同存異，不以自己的特殊個性或癖好對待他人；大度也表現為能聽得進各種不同意見，尤其能認真聽取相反的意見；大度還要能容忍他人的過失，尤其是當他人冒犯自己時，能不計前嫌，一如既往；大度更應表現為能夠虛心接受批評，發現自己的過失，便立即改正。和他人發生矛盾時，能夠主動反思自己，而不文過飾非、推卸責任。大度者，能夠關心人，幫助人，體貼人，責己嚴，責人寬。王陽明曾說，自己和親人之間不應該分彼此薄厚，應該以仁愛寬容之心去對待人民和世間萬物。

人與人在相處中，難免會發生矛盾，出現各種失誤與差錯。如果你不讓我，我不讓你，就很容易引發爭鬥。這時，我們就需要打造「宰相的肚子」，既寬容他人也寬容自己。

朝廷裡有位高官這日在家中宴請賓朋，酒過三巡之後，高官向一旁的懸雲觀道士請教：「怎樣才能提高一個人的修養？」

「從最根本做起。」

「願聞其詳。」

「在你對別人求全責備的時候，想想自己是不是已經做到了；在指出別人不對的時候，看看自己是不是做正確了。所謂『嚴於律己，寬以待人』就是此理。」

按照這位道士的話，人最根本的修養就是用寬容之心對待別人。寬容是一門做人的藝術。寬容待人，首先要在心理上接納別人、理解別人、體諒別人，在接受別人的長處時，也要接受別人的短處。其次，當你遇到事情打算用憤恨去實現或解決時，不妨試著去寬容，或許它能幫你更好地實現目標，解決矛盾，化干戈為玉帛。

將自己當成別人，站在對方的角度去體會對方的情感；將別人當成自己，感同身受，親身去體驗別人的感受；將別人當成別人，我們無法強求別人改變，只能去理解別人；將自己當成自己，我們的一切理解和包容並非為了別人，而是為了自己。設身處地地寬容別人，其實也是在寬容我們自己。

其實，容人之過、釋人之嫌是一種為人的度量，也是一種謀略。大肚能容，方能得人之心。

人非聖賢，誰能不犯錯誤呢？人犯了錯之後，總是非常迫切地希望得到別人的寬容，給自己一次悔過自新的機會。所以，對於一些看似不可饒恕的錯誤，為什麼不給對方一個改過的機會呢？對方一旦重新獲得別人的寬容，就會產生感恩圖報的想法，而希望透過自己加倍改過的表現來獲得對方的認可。

大肚能容，寬大為懷

處朋友，務相下則得益，相上則損。

王陽明認為，一個人同他人交朋友時，一定要相互謙讓，這樣才會受益；而相互攀比、互爭高低則只會受到損失。王陽明這是在告誡人們要有寬容之心，這樣才能贏得他人的信任和支持。

王陽明就是懂得包容的人。嘉靖元年（西元一五二二年），一位泰州商人穿著奇裝異服來到王陽明家裡求學，想拜王陽明為師，王陽明答應了。不久，這人就打算穿著奇裝異服出去遊歷、講學。王陽明問他為什麼要穿成這樣，這人就以反對理學陋規、講究心學為藉口。王陽明知道他是怕別人看不起自己，所以才穿著奇異的服裝，打著王陽明的旗號出去講學，便直接拆穿了他，說他只不過是想出名罷了。這人一聽被老師看穿了，就想保持最後一點尊嚴離開。沒想到王陽明沒有計較這件事，反而繼續留他在家裡。從此這個人洗心革面、一心向學，他就是王陽明最優秀的學生、泰州學派的創始人——王艮。

人們常說「水至清則無魚，人至察則無徒」。如果你是別人的上級或者師長，不能容忍下屬、學生的任何過錯與不足，久而久之是很難在下屬或者學生之中建立起威信的。

其實，歷史上有很多明君都是包容的人，他們在小事情上不會計較太多，不會讓下屬每日戰戰兢兢，如臨深淵、如履薄冰。當然遇到大事的時候，或者觸犯大原則的時候，他們卻毫不客氣，一點也不手軟。寬容別人的過錯，是一個人心胸寬廣的表現，也是一種生存的謀略。

楚莊王逐鹿中原，連續幾次取得了勝利，於是莊王設宴款待群臣。席間，莊王命最寵愛的妃子為參加宴會的人敬酒。

這時，天色漸漸暗下來，大廳裡燃起蠟燭。猜拳行令，敬酒乾杯，君臣喝得興高采烈，好不熱鬧。忽然，一陣狂風颳過，大廳內的蠟燭一下子全被吹滅了，整個大廳一片漆黑。莊王的那位寵妃，此時正在席間輪番敬酒，突然，黑暗中有一隻手拉住了她的衣袖。對這突然發生的無禮行為，寵妃喊又不敢喊，走又走不脫，情急之下，她順手一抓，扯斷了那個人帽子上的纓帶。那人手一鬆，寵妃趁機掙脫身子跑到楚莊王身邊，向莊王訴說被人調戲的情形，並告訴莊王，那人的帽纓被扯斷了，只要點燃蠟燭，檢查帽纓就可以查出這個人是誰。

楚莊王聽了寵妃的哭訴，出乎意料地表現出很不以為意的樣子，趁燭光還未點明，便在黑暗中高聲說道：「今天宴會，盛況空前，請各位開懷暢飲，不必拘禮，大家都把自己的帽纓扯斷，誰的帽纓不斷，誰就是沒有喝盡興！」群臣不知莊王的用意，為了討莊王歡心，紛紛把自己的帽纓扯斷。等蠟燭重新點燃，所有人的帽纓都斷了，根本就找不出那位調戲寵妃的人。就這樣，調戲莊王寵妃的人不僅沒有受到懲罰，就連尷尬的場面也沒有發生。寵妃為此頗有怨言，楚莊王卻說：「酒後失態是人之常情，如果追查處理，反會傷了眾人的心，使眾人不歡而散。」

時隔不久，楚莊王藉口鄭國與晉國在鄢陵會盟，於第二年春天，傾全國之兵圍攻鄭國。戰鬥十分激烈，歷時三個多月，期間發動了數次衝鋒。在這場戰鬥中有一名軍官奮勇當先，與鄭軍交戰斬殺敵人甚多，鄭軍聞之喪膽，只得投降。楚國取得勝利，在論功行賞之際，才得知奮勇殺敵的那名軍官名叫唐狡，就是在酒宴上被寵妃扯斷帽纓的人，他此舉正是感恩圖報啊！

領導者能寬容屬下的某些過失，寬大為懷，容人之過，念人之功，諒人之短，揚人之長，必然會得到屬下的傾力回報。

將誹謗和侮辱當作進取的動力

人若著實用功，隨人譭謗，隨人欺慢，處處得益，處處是進德之資。若不用功，只是魔也，終被累倒。

面對誹謗和侮辱，王陽明倡導人們既要有超然坦蕩的心境，又要實實在在地用功，相信自己的良知。如果能腳踏實地、扎扎實實地下苦功，就能在誹謗和侮辱中得到益處。如果不用功「致良知」，別人的誹謗和欺侮就會像魔鬼一樣對你糾纏不休，而你也會在和這些魔鬼的對抗中身心疲憊，最終被傷害的還是你自己。

一個人成功之後，往往會被嫉妒、被誹謗。俗話說得好：「木秀於林，風必摧之；行高於人，眾必非之。」一棵樹長得比其他樹木高，風首先吹斷的必然是這棵樹；有才能、地位比較突出的人，往往是他人爭相攻擊的對象。在這種情況下，哪怕是聖人也難以倖免。

在王陽明看來，面對誹謗和侮辱，既要有超然面對的心態，更要有超越它的勇氣。也就是說，只要有奮發向上的決心，誹謗和侮辱也能成為進取的動力。

美國石油大王洛克斐勒（John D. Rockefeller）曾用自己的經歷告訴兒子約翰，侮辱也是一種動力。

洛克斐勒在寫給兒子約翰的信中寫道：

你或許還記得，我一直珍藏著一張我中學同學的多人合照，那裡面沒有我，有的只是富裕家庭的孩子。幾十年過去了，我依然珍藏著它，更在心中珍藏了拍攝那張照片的情景：

「那是一天下午，天氣不錯，老師告訴我們，有一位攝影師要來拍學生上課時的情景照。我是照過相的，但很少，對一個窮苦人家的孩子來說，照相是奢侈的。攝影師剛一出現，我就想像著要被攝取鏡頭的情景，告訴自己要多點微笑，甚至開始想像如同報告喜訊一樣回家告訴母親：『媽媽，我照相了！是攝影師拍的，棒極了！』

我興奮地注視著那位彎腰取景的攝影師，但攝影師卻在取景後用手指著我，對老師說：『你能讓那位學生離開他的座位嗎？他的穿戴實在是太寒酸了，和整個畫面不匹配。』面對老師的命令，我無力抗爭，只能默默地離開。「站在一旁，我感覺我的臉在發熱。但我沒有動怒，也沒有自哀自憐，更沒有埋怨我的父母為什麼不讓我穿得體面些，事實上他們為使我能受到良好教育已經竭盡全力了。看著在那位攝影師的調動下的拍攝場面，我攥緊了雙拳，在心底鄭重發誓：總有一天，我會成為世界上最富有的人！讓攝影師為自己照相算得了什麼！讓世界上最著名的畫家為自己畫像才是值得驕傲的事情！

我的兒子，我那時的誓言已經變成了現實！在我眼裡，侮辱一詞的詞義已經轉換，它不再是剝掉我尊嚴的利刃，而是一股強大的動力，如同排山倒海，催我奮進，催我去追求一切美好的東西。說那個攝影師把一個窮孩子激勵成了世界上最富有的人，似乎並不過分。」

洛克斐勒的經歷告訴我們：有時誹謗和侮辱能形成一股力量，能震撼你的靈魂，促使你努力改變自己、完善自己，從而將自身的潛力最大限度地發揮出來，成就一番事業。如果面對別人的誹謗或侮辱，不知努力用功，而是過於在意，與之糾纏不清，只會浪費許多寶貴的精力與時間，使身心被拖累，最終一無所獲。

對於惡意中傷、侮辱，你要以此為契機，激勵自己不斷進取，做得更好、做出更大的成績，是讓誹謗者閉嘴的最好方式，也是對那些侮辱你的人的最好回應。其中的關鍵，就像王陽明所說的，就看你能否實實在在地用功了。

用寬容的安撫感化惡人

舜徵庸後，象猶日以殺舜為事，何大奸惡如之！舜只是自進於義，以乂薰蒸，不去正他奸惡。凡文過掩慝，此是惡人常態；若要指摘他是非，反去激他惡性。舜初時致得象要殺己，亦是要象好的心太急。此就是舜之過處。經過來，乃知功夫只在自己，不去責人，所以致得「克諧」。

王陽明認為，對待惡人，寬容的安撫比嚴厲的責罰更有效，更能激發出惡人心中的善意和仁愛，從而改過自新，去惡揚善。其實，這就是老子提倡的「以德報怨」的思想。

《老子》寫道：「民不畏死，奈何以死懼之。」意思是說，民眾不怕死，又怎能用死來威脅他們呢？老子之所以有這樣的感嘆，是因為春秋時期，社會混亂，民不聊生，不少人為了生存，或聚而為盜，或揭竿而起。當時最著名的強盜大概是盜蹠，據《莊子》介紹，此人是大賢士柳下惠的弟弟，「從卒九千人，橫行天下，侵暴諸侯」。司馬遷在《史記》中則說他「性格殘忍凶暴，然部下盛讚其信義」，官府多次出兵鎮壓，都沒有成功。

當然，老子這句話並不只是針對盜蹠而言，而是泛指官府鎮壓盜匪的蠻橫手段。他認為，老百姓沒有活路才去做強盜，鎮壓是沒有用的。如果讓老百姓有活路，他們就會愛惜生命，害怕死亡。這時候，懲處個別為非作歹的人，就沒有人敢為非作歹了。官府窮奢極欲，使得老百姓沒有活路，他們連死都不怕了，又怎麼會怕官府鎮壓呢？由此可知，老子這句話的用意在於勸告統治者不要迷信懲罰的效力，與其懲罰犯罪的人，不如從根本上制止犯罪。讓老百姓生活富足，他們就會自尊自愛，即使不管理他們，他們也懂得自律；即使有個別壞人，管理起來也會容易得多。

其實，如果人人能有穩定幸福的生活，是不會有人願意做壞人的。老子的觀點可總結為兩句話：「讓好人有條件做好人，讓壞人不需要做壞人。」正如國學大師南懷瑾評價的：「『以德報怨』是老子的思想，後世也認為它代表了道家的思想。就是說，你對不起我，我不恨你、不報復你，反而對你好，乃至把你感化。」

人們常說：「以恨對恨，恨永遠存在；以愛對恨，恨自然會消失。」你在憎恨別人時，心裡總是憤憤不平，希望別人遭到不幸、懲罰，卻又往往不能如願，失望、莫名的煩躁之後，你便失去了輕鬆的心境和歡快的情緒，從而導致心理失衡；同時，在憎恨別人時，只看到別人的短處，在言語上貶低別人、在行動上敵視別人，會使人際關係越來越僵化。

寬容曾經傷害過你的人是人生大智慧，以德化怨，是成熟人性臻至化境的象徵，寬容的人生收穫的必是幸福美滿。因此，在面對他人對你的傷害時，與其責罰、報復他們，不如用安撫的方法來薰陶、感化他們，以引導他們改過向善。

第四章 做「知行合一」之人

知與行就是一個理論和實踐的問題：

有人認為知易行難，懂得理論是容易的，實踐是很難的；有人認為知難行易，領悟道理很難，實踐很容易。

王陽明則提出「知行合一」，認為懂得道理是重要的，但實際運用也是重要的。也就是說，一個人不僅要有崇高偉大的志向，也要掌握符合實際、腳踏實地的方法，

並努力實踐，才能真正獲得聖人的智慧。

真正的學問是學以致用

未有知而不行者，知而不行，只是未知。

古往今來，但凡做學問的大家，皆強調學以致用，主張在實際上發揮學問的作用。儒家聖賢孔子周遊列國，欲以其學說勸諫各諸侯治國之道，雖受時勢的阻礙未能成功，但在之後的太平盛世則成為占統治地位的思想學說，塑造著兩千年封建王朝的文化根基和國民性格。北大第一任校長蔡元培先生對孔子的治學之道提出了獨到的見解，他認為，一個人求學問就是為了經世致用，即使剛開始時有人不了解，也要一如既往地去做，這樣才能學得真學問。

何謂「經世致用」？「經世」就是要考察我們生活的社會，知道社會的問題，同時也要在社會中去尋找知識。「致用」就是要把所學的知識與社會中存在的問題連繫起來，並透過學習知識來提出解決問題的辦法。清朝末年，由於帝國主義的侵略加劇，政府處在生死存亡的緊要關頭。在那種情況下，經世致用之學，再度興起。魏源、龔自珍及稍後的康有為都是這方面的代表。他們借經書的「微言大義」來發揮自己社會改革的主張，警醒人民、號召救國。

如果想要真正做到知與行的合一，就要在學習的過程中以實踐來檢驗知識的正確與否，在實踐的過程中更深刻地理解所學知識的內涵，如此才能將所學知識經世致用。晚清名臣曾國藩也特別注重「經世致用」，他強調要將書上的學問運用到當官和做人中去。

> 曾國藩帶兵十分注重籌餉工作，是因為兵書上說「兵馬未動，糧草先行」。因此，湘軍的餉銀是當時最高的。如此一來，士兵自然願意加入曾國藩的隊伍。兵書上也說治軍要「上下同心」，曾國藩就注重對士兵信念的培養，他把湘軍打造成了一支上下齊心的軍隊。曾國藩的手下大多是流落民間的知識分子。這些人得到了曾國藩不遺餘力的提拔和重用，因此形成了以曾國藩、胡林翼、左宗棠、李鴻章為首的湘軍。曾國藩成為湘軍的領袖。

曾國藩強調的經世致用正是王陽明所說的知行合一。然而，王陽明的弟子徐愛卻未能領會王陽明關於知行合一的意思，與王陽明的另兩位弟子黃綰、顧應祥反覆辯論，始終未能得出明確的答案，於是向王陽明請教。

徐愛說：「比如現在的人都知道要孝順父親、尊敬兄長，然而卻有不能做到的，這就表明『知道應該怎樣』和『真正做到』分明是兩件事。」

王陽明說：「你說的這種情況是已經被人的私欲所矇蔽，不是知行的本體了。聖賢教育世人知與行，正是要恢復知行的本體，不是只教人們如何知、如何行就算了。例如〈大學〉中提到的一個真正反映知行本體的事例，即『如好好色，如惡惡臭』。看見美色屬於知，喜歡美色屬於行；人在看見美色時自己本身就已經有喜歡之心，而不是見了之後才有想法去喜歡。聞到惡臭屬於知，厭惡惡臭屬於行；聞到惡臭時自己就已經厭惡了，並不是聞到之後才有想法去厭惡……」

現如今，即將走出校園的大學生中，不少人無奈地感慨所學知識對其就業毫無幫助，完全不知學來有何用。如果學問不能用來指導自己，我們就很難取得任何進步，這樣的學習又有什麼意義呢？由此可知，我們學習知識，不能只知學習，不知連繫實際。要做到知行合一，經世致用。倘若埋頭苦讀若干年卻不知道學來有何用，便容易失去繼續求學的動力，無法建立人生的目標，難以明確前進的方向。

知行合一：知和行是一件事

知者行之始，行者知之成。聖學只一個功夫，知行不可分作兩事。

在王陽明看來，認知是實踐的起點，實踐是認知的成果。聖人的學問只是一個功夫，認知和實踐不能當作兩件事。

王陽明強調知與行的統一。所謂知，便是對事情各方面的思考與了解，只有思考明白、了解清楚了才能開始行動；所謂行，便是將那些思考明白、了解清楚的東西付諸實踐，才能有所成就。王陽明指出，聖人之學乃身心之學，其要領在於體悟實行，不可將其當作純粹的知識，僅僅流於口耳之間。

然而，自古以來大多數人都把知和行看作兩件事，比如人們常說：「三思而後行。」意思是思考在前，行動在後，必須經過多番仔細周密的考慮才能有所行動，認為如此才能取得最好的效果，避免一些不必要的麻煩。

三思而後行，確實是對衝動氣盛的年輕人最好的勸諫，因而備受世人推崇。人們相信，經過深思熟慮的決定才是最好的，經過反覆思量的行動才能順利地進行。不幸的是，由此形成了一種重思考而輕行動的風氣。或許是過於謹慎，過於追求萬無一失，人們將大量的時間與精力用在了無限的沉思之中，結果越想越覺得準備不夠充分，越想越覺得存在很大的問題，結果本可以嘗試的想法變成了不可能完成的任務。

由於人的思維空間是無限寬廣的，不受客觀事物與能力的強行束縛，因此，過度的思考很容易偏離正軌，越想越遠而找不到重點。如果人們在思想的海洋中暢遊太久而遲遲不付諸實踐，那麼無疑會窒息於其中，徹底失去付諸實踐的機會與能力。

唐代中原有一片山脈盛產靈蛇，蛇膽和蛇心都是很好的藥材。雖然蛇毒劇烈，為了賺錢，仍有很多人冒著生命危險去捕蛇。一天，有三個從南方來的年輕人來到附近的村子，準備進山捕蛇。

年輕人甲在村裡住了一天，第二天清晨便收拾行裝上山捕蛇，但是過去好幾天了，他還沒有回來。原來他不懂得蛇的習性，在山裡亂竄，不但驚擾了靈蛇，而且他也不懂如何捉蛇，最終因捕蛇而喪命。

年輕人乙見狀，心中害怕不已，再三思慮要不要去山裡捉蛇，他每天都站在村口，向大山的方向望去，時而向前走幾里路，不久之後又走回來，終日惶惶然行走於村子與大山之間。

年輕人丙則充分考慮了如何找蛇穴、捕蛇、解毒等問題，並向村裡人討教，掌握尋找蛇穴、引蛇出洞等捕蛇的技術，學習製作解毒的藥劑。經過半個月的準備，年輕人丙帶著工具上山了。七天過去了，大家都以為他已經喪命，可是丙竟然揹著沉重的籮筐回到了村裡。他捕到了上百條靈蛇，賺了很多錢，之後還做起了藥材生意，成為著名的捕蛇之王。

三個年輕人一起去捕蛇，一個毫不考慮、魯莽行動；一個左思右想、遲遲不動；一個經過深思熟慮之後付諸行動。三個人對待思與行的不同態度，注定了他們不同的結果。思考與行動是相輔相成的，無論偏向於哪一方，都難成大事。

思考與行動，是人生至關重要的事，猶如人之生老病死，難以避免。小到處理家庭瑣事，大到掌握國家命脈，都要思考與行動。不假思索地行動和多番思慮卻不見行動的人，輕則敗家，重則亡國。思與行，不可偏其一，這便是兩千多年歷史沉澱下來的沉痛教訓，也是王陽明知行合一的基礎所在。

改掉淺嘗輒止的毛病

辨既明矣，思既慎矣，問既審矣，學既能矣，又從而不息其功焉，斯之謂篤行。

王陽明認為，當人們對世界辨析明白了，思考就會謹慎了，詢問也會很仔細，學習也將有長進，若還能堅持用功不懈，這就是篤行。

如今的社會，人們大多急功近利，對事物的認知也多是淺嘗輒止，害怕因此浪費自己的時間。比如，人們在學習基礎知識時往往只停留在表面，看起來好像對這些問題已經了解了，卻沒有深入思考、觸類旁通、向外拓展，因而題目稍有變化就不知道該如何解答了，這就是淺嘗輒止的壞處。

如果人們在學習了解的基礎上再深入思考，將學到的知識不斷回饋到大腦的深處，讓這些資訊一次次地刺激潛意識，以便把知識提煉、消化，從而靈活自如地運用這些知識，在擁有了深入思考的習慣後，人們就能避免淺嘗輒止的毛病，學會深入地了解事物，即儒家常說的「篤行」，也就是人們常說的堅持到底的做事精神。

唐代大詩人李白自幼天資聰穎、活潑好動，是遠近聞名的「小才子」。在眾人的讚賞聲中，年幼的李白逐漸變得驕傲自滿起來，一味貪戀玩耍，讀書時只是敷衍了事，不願意下苦功。

李白的父親看到兒子這樣不思進取，很是擔憂，便送他到山中讀書，希望他能靜下心來專心學習。然而，李白一點也沒有改變。

過了一段時間，父親想看看李白有沒有進步，就考他對一首詩的理解，

李白自恃其才進行解說，卻說得亂七八糟。父親很生氣，斥責他：「如此讀書，何時成才？」李白卻不以為然，認為自己已經記住了那首詩，不明白父親為什麼會生那麼大的氣。他藉故說去練書法，就溜出去了。面對頑劣的兒子，父親嘆息不已。

正當李白寫字時，面前飛過一隻蝴蝶，一下子把他吸引住了，他忙放下筆，蹦蹦跳跳地去追蝴蝶。一路追逐著蝴蝶，李白不知不覺就來到了山腳下的一條小澗，他看到一位老婆婆正在那裡磨一根鐵棒。

李白好奇地問：「老婆婆，妳在這裡做什麼呢？」老婆婆抬起頭來，答道：「我在

磨這根鐵棒呀！」李白感到更奇怪了：「妳磨鐵棒幹什麼用呀？」

老婆婆說：「我呀，我想把這根鐵棒磨成一根繡花針。」

李白十分震驚：「那麼粗的一根鐵棒，什麼時候才能磨成繡花針啊？」

老婆婆回答道：「這你就不懂了。常言說得好，世間無難事，只怕有心人。不論做什麼事，沒有成不了的。這根鐵棒雖然粗，但只要堅持，總有一天會磨成繡花針的。」

看到這一切，李白的心靈受到了極大的震撼，他深深地感到自己與老婆婆相比，太沒有毅力了！

從此，李白痛改前非，無論射箭、練書法還是讀書都非常用心，力求精益求精。經過持久不懈的努力，他最終成了名垂千古的「詩仙」。

李白作為天資聰穎的一代大詩人，尚且要篤行，我們普通人，要想取得成就，就更要下苦功去改掉淺嘗輒止的毛病了。

篤行即堅持，一個再簡單不過的道理，但也是一個鮮有人達到的標準。

國學大師馮友蘭曾說：「我們在一生中，想做的事不一定都能成功，尤其是新興的事業，那更沒有把握了。所以我們無論做什麼事，即使遇到失敗，也不要灰心，仍然要繼續做下去。」正是秉持著這份堅持，馮友蘭才在哲學領域取得了成功。

許多人都有過這樣的經歷：做一個決定總是很容易，但當事情發展下去時，越來越多的問題出現了，如沒有時間、外界干擾、條件不允許等分歧也在此產生。很多人開始動搖、開始心存疑惑：我真的能做完這件事嗎？接著，開始氣餒、灰心喪氣，隨後就是退縮與放棄。如果人們在面對諸多阻撓與困難時，堅持不懈地繼續下去，跨越一個又一個障礙，就往往能迎來期望中的成功。

很多時候，成功並沒有想像中那麼遙遠。大戲劇家莎士比亞（William Shakespeare）說：「千萬人的失敗，都失敗在做事不徹底；往往做到離成功還差一步，便終止不做了。」這樣的失敗，無疑令人扼腕。其實，我們與成功只有一步之遙，這一步就是堅持不懈、鍥而不捨。

少空談，多實踐

若不用克己工夫，終日只是說話而已，天理終不自見，私欲亦終不自見。如人走路一般，走得一段，方認得一段。走到歧路處，有疑便問，問了又走，方漸能到得欲到之處。

王陽明認為，如果沒有下功夫克制私欲，每天只是說一說，最終就看不到天理和私欲的了。就像人走路一樣，走一段才能看清楚前面一段。到了岔路口，有了疑惑就要問，問明白再走，這樣才能漸漸走到目的地。也就是說，光空談而不去實踐，是無法克制自己的私欲、理解天理的，因此王陽明感嘆：「天下大亂，只因空談多而實踐少。」

世界上有兩種人：一是實踐家，一是空想家。空想家們善於誇誇其談、想像豐富、渴望強烈，總是設想做各類大事情；而實踐家則著重於「做」！空想家往往不管怎樣努力，都無法完成那些自己應該完成或可以完成的事情；而實踐家雖然沒有空想家那樣富麗堂皇的說辭，卻往往能獲得成功。

實踐家比空想家做得成功，是因為實踐家總是採取持久的、有目的的行動，而空想家很少著手行動，或剛開始行動就懈怠。實踐家具備有目的地改變生活的能力，能夠完成非凡的事業，不論是開一家自己的公司、創作一本書、競選政府官員，還是參加馬拉松比賽等。而與此形成鮮明對比的是，空想家大多是站到一邊，夢想這些而已。

空想家往往受到人們的嘲笑，因為他們始終把自己的理想掛在嘴邊，卻從不見他們為之奮鬥。他們的談話言辭激烈，談到理想時慷慨激昂，然而，他們是行動的矮子。空想家認為以自己頭腦中的知識可以拯救世界，但是世界卻不這麼認為。事實一次又一次地證明，空想家是難以獲得成功的。

戰國時候，秦國派王齕攻下上黨，意欲進攻長平。

趙孝成王聽到消息，命廉頗率二十多萬大軍駐守長平。廉頗叫兵士們修築堡壘，深挖壕溝，跟遠來的秦軍對峙，做好了長期抵抗的準備。

王齕幾次三番向趙軍挑戰，廉頗只是堅守。秦昭襄王請范雎出主意，范雎說：「要打敗趙國，必須先叫趙國把廉頗調回去。」

過了幾天，趙孝成王聽到左右說：「秦國就是怕讓年富力強的趙括帶兵。廉頗不中用，眼看就快投降了！」

趙王聽信了這個言論，立刻把趙括找來詢問。趙括說：「要是換上我，打敗王齕不在話下。」

趙王聽了很高興，就命趙括為大將，接替廉頗。

藺相如對趙王說：「趙括只懂得讀兵書，不會臨陣應變，不能派他做大將。」可是趙王聽不進去藺相如的勸告。

范雎得到趙括替換廉頗的消息，知道自己的反間計成功了，就祕密派白起為將軍，指揮秦軍。白起一到長平，便故意打了幾個敗仗。趙括不知是計，拚命追趕。白起把趙軍引到預先埋伏好的地區，派出精兵二萬五千人切斷趙軍的後路，另派五千騎兵直衝趙軍大營，把四十萬趙軍切成兩段。

趙括的軍隊內無糧草，外無救兵，兵士叫苦連天，無心作戰。趙括帶兵想衝出重圍，秦軍萬箭齊發把他射死了。四十萬趙軍，就在「紙上談兵」的主帥趙括手裡全軍覆沒了。

趙括是個空談家，自以為讀過兵書，對兵法之道十分諳熟，但沒有親身經歷過戰爭，書本在他頭腦中構築的虛無縹緲的軍事樓閣，在真實的刀光劍影中不堪一擊，趙括也因「紙上談兵」而被作為空想家的代表貽笑千古。

良好的理論基礎很重要，但是理論基礎若不經過實踐的檢驗，就不可能轉化為實際應用中的有效力量。無論是空談者，還是空想者，往往自以為有了知識就有了一切，這是極度錯誤的想法。掌握知識是為了應用，有了目標要實幹才能實現理想，否則，單憑理論異想天開，將會導致重大的失誤。因此，我們應少空談，多實踐，將所學靈活運用在實踐中。

抓住關鍵問題，對症下藥

日間工夫，覺紛擾，則靜坐；覺懶看書，則且看書。是亦因病而藥。

王陽明認為，在白天學習時，如果感覺自己被外界繁亂打擾，就學習靜坐；如果覺得自己懶於看書，就去看書。這就是對症下藥。

「對症下藥」一詞出自《三國志．華佗傳》，本是指醫生針對病症用藥，後用來比喻人們針對問題採取有效應對措施的行為。

華佗是東漢末年著名的醫學家，他精通內、外、婦、兒各科，醫術高明，診斷準確，在醫學史上有很高的地位。華佗為病人診療時，能夠根據不同的情況，開出不同的處方。

一次，州官倪尋和李延一同到華佗那裡看病，兩人訴說的病徵相同：頭痛發熱。華佗分別替兩人診了脈後，為倪尋開了瀉藥，卻為李延開了發汗的藥。

兩人看了藥方，感到非常奇怪，問：「我們兩人的症狀相同，病情一樣，為什麼吃的藥卻不一樣呢？」

華佗解釋說：「你倆相同的只是病症的表象，倪尋的病因是由內部傷食引起的，而李延的病卻是由於外感風寒著涼引起的。兩人的病因不同，我當然得對症下藥，給你們用不同的藥治療了。」

倪尋和李延服藥後沒多久，病就全好了。

華佗能夠區分病情，對症下藥，因而能很快治好病人的病。治病講究對症下藥，解決問題也是一樣的道理，對症下藥地解決問題，首先要找對關鍵，抓住問題的「癥結」。在生活中遭遇難題、一籌莫展的時候，我們不妨先冷靜下來，仔細分析一下問題，善於區別不同的情況，給予相應的對策，就能正確地處理各種問題。

一位幼稚園老師每個月都被評為優秀員工，許多同事向她請教和孩子相處的技巧。她只說了四個字——對症下藥。

同事不解，這位老師解釋道：「就是要問題具體分析、對待。像是當孩子有負面情緒時，一定要針對不同情況給予不同處理：如果孩子是因為擔心、害怕，我一般會以輕鬆的口氣告訴他不用著急，並用科學知識為他釋疑，緩解他的不好情緒。如果孩子做噩夢了，我便告訴他每個人都有可能做噩夢，這並不丟臉，做噩夢只是因為我們平日玩太累或者睡姿不好造成的，只要我們注意就可以避免，而且噩夢本身不是真實存在的，即使很可怕也沒關係，因為它不是真的。有時候，我還會以感同身受的辦法來消除他的擔心，如我會告訴他，我小時候也有類似的擔心和害怕，後來是採取什麼樣的方法自己解決的等等。如果孩子是無理取鬧，我一般會冷處理，放任他自我宣洩，並且不屈服於他哭鬧（不答應他的不合理要求），我還會告訴他：『生氣會使人變醜、變老喲！』這樣，孩子往往會接受我的合理建議。如果孩子因為生病或碰到挫折有一些小小的情緒，我則會比較寬容，給予耐心的安慰和勸告，並盡量滿足他的一些要求，並會選擇一些輕鬆愉快的話題和遊戲引導他，使他能夠從負面情緒中盡快抽離出來。」

看似同樣的事或表面現象，其實蘊藏著很多不同甚至相反的作用。如果人們忽視那些細微的差別，籠統地對待問題，就無法抓住問題的核心，也就無法對症下藥，從而快速有效地解決問題。

無論是工作、學習，還是處理生活問題，都要講究方法。只有抓住關鍵問題，切中問題的要害，我們的工作和學習才能事半功倍。辦事情、做工作應從關鍵處下手，盡量避免過程煩瑣，更不要面面俱到。要解決問題，首先要對問題進行正確界定。弄清了

「問題到底是什麼」，就等於找準了應該瞄準的「靶子」。否則，要麼是勞而無功，要麼是南轅北轍。這就是王陽明所推崇的「對症下藥」。

用發展的眼光看待事物

愛曰：「如《三墳》之類，亦有傳者，孔子何以刪之？」
先生曰：「縱有傳者，亦於世變漸非所宜。風氣益開，文采日盛，至於周末，雖欲變以夏商之俗，已不可挽，況唐虞乎？又況羲黃之世乎？」

王陽明告誡世人，在做事時要根據實際情況，根據不同的時間、地點來隨機應變，制定相應的、正確的方法。

世界瞬息萬變，人只有順應外界的變化而變化，用發展的眼光和思維來對待生活中的萬事萬物，才能因地制宜、因時而化，從而獲得真正的自由和幸福。

王陽明在平定民變的過程中，始終從當地的實際情況出發，堅持因地制宜、因時而變的原則。他沒有把起義民眾當成打擊對象，而是把殺人越貨的盜賊和被迫鋌而走險的貧苦民眾分開，把首惡和脅從分開，把願意改惡從善和堅持不改分開。具體到個人，王陽明更是謹慎從事，即使犯了罪，也要根據認罪的態度來決定處罰。

為了提供脅從者、願意悔改者機會，王陽明在每次採取行動之前，都先釋出，勸諭誤入迷途者改惡從善，棄舊圖新。在征戰過程中，他也是根據實際需求，靈活制定敵政策。在平亂之後，根據當地的實際情況，或者奏請皇帝，批准增設縣治、管關隘檢查的巡查司，或者改變布局不合理的巡檢司治所。

王陽明根據社會制度和風俗習慣的不同，因地、因事、因時制宜，並沒有墨守成規。其實，任何事物的發展都會與原有的計畫有所不同，面對改變，智慧之人往往能看到直中之曲和曲中之直，並不失時機地掌握事物迂迴發展的規律，透過迂迴應變，達到既定的目標。

孔子周遊列國時，曾被圍困在陳國與蔡國之間，整整十天沒有飯吃，有時連野菜湯也喝不上，真是餓極了。學生子路不知從哪裡弄來了一隻煮熟的小豬，孔子不問肉的來路，拿起來就吃；子路又不知用什麼方法弄來了酒，孔子也不問酒的來路，端起來就喝。

可是，等到魯哀公迎接他時，孔子卻顯出正人君子的風度，蓆子擺不正不坐，肉類割不正不吃。子路便問：「為什麼先生現在與在陳、蔡受困時不一樣了呢？」孔子答道：「以前我那樣做是為了生存，今天我這樣做是為了講禮呀！」

孔子處理事情從容淡然，原因就在於他有著因時而化、因地制宜的頭腦。所以，在遇到困難時，應懂得改變自己的思路和行為，因為變則通，才能克服困難，達到目的。

當今社會，各種事物都在飛速發展變化著，身處其中的人如果不能審時度勢、順勢而變，就很難適應社會的發展。我們在生活中如果能做到隨機應變、順勢而動，無疑會對我們適應生活、適應現實變化有很大的幫助。正如王陽明所說：「天下事雖萬變，吾所以應之。」只有這樣，我們才能克服各種困難，獲得成功。

另闢蹊徑，巧幹要比苦幹強

問：「孟子『巧、力、聖、智』之說，朱子云：『三子力有餘而巧不足。』何如？」先生曰：「三子固有力，亦有巧。巧、力實非兩事，巧亦只在用力處，力而不巧，亦是徒力。三子譬如射，一能步箭，一能馬箭，一能遠箭。他射得到俱謂之力，中處俱可謂之巧。但步不能馬，馬不能遠，各有所長，便是才力分限有不同處。孔子則三者皆長。然孔子之和，只到得柳下惠而極。清只到得伯夷而極。任只到得伊尹而極。何曾加得些子。若謂『三子力有餘而巧不足』，則其力反過孔子了。巧、力只是發明聖、知之義，若識得聖、知本體是何物，便自了然。」

有弟子問王陽明說：「孟子主張『巧、力、聖、智』的說法，而朱熹先生卻說『三子力有餘而巧不足。』這樣說對嗎？」

王陽明回答說：「伯夷、伊尹、柳下惠三個人不僅有『力』，而且還有『巧』。『巧』與『力』實際上並非兩回事，『力』中要有『巧』。有『力』卻無『巧』，不過是徒然、白費力氣。如果用射箭作比喻，他們三個人裡，一個能夠步行射箭，一個能夠騎馬射箭，一個能夠遠端射箭。只要他們都能射到靶子那裡，便都能叫做有力；只要能正中靶心，便都能叫做巧。但是，步行射箭的不能夠騎馬射箭，騎馬射箭的又不能遠端射箭，他們三個各有所長，才力各有不同。孔子則是身皆三長，然而，孔子的『和』最多能達到柳下惠的水準，而『清』最多能達到伯夷的水準，『任』最多能達到伊尹的水準，未曾再新增什麼了。如果說『三子力有餘而巧不足』，那他們的力加在一起反倒能超過孔子了。巧、力只是為了闡明聖、智的含義，如果了解到了聖、智的本體，自然就能夠了然於心。」

生活中，有人日出而作，日落而息，一天甚至埋頭苦幹十一、二個小時，但結果卻不盡如人意，一生平庸，碌碌無為。有人卻深諳巧幹強於苦幹的奧妙，總能找到更簡單、更輕鬆、更快捷的方法。

美國船王丹尼爾．洛維格獲得的第一桶金，就和他的善於巧幹有關。

出生於中低收入家庭的丹尼爾．洛維格不甘心過平凡窮苦的生活，他想要賺很多的錢，讓自己充分體會成功的感覺。在他看來，對於一貧如洗的人，要想擁有資本就得借貸，用別人的錢開創自己的事業，為自己賺更多的錢。

在多番思考後，洛維格想出了一個絕妙的借貸方法：他將自己的一條尚能航行的舊油輪重新修理改裝，然後以低廉的價格包租給一家大石油公司。然後，他帶著租約合約去找紐約的各大銀行申請貸款，理由是——他有一艘被大石油公司包租的油輪，每月可收到固定的租金，如果銀行肯貸款給他，他可以讓石油公司把每月的租金直接轉給銀行，來分期抵付銀行貸款的本金和利息。

許多銀行聽了洛維格的想法，都覺得荒唐可笑，且無信用可言。大通銀行的總裁卻不這麼認為。他想：洛維格一文不名，也許沒有什麼信用可言，但是那家石油公司的信用卻是可靠的。拿著他的租契去石油公司按月收錢，這自然十分穩妥。

洛維格終於貸到了第一筆款，然後買下了他所要的舊貨輪，把它改成油輪，租給了石油公司。然後又利用這艘船做抵押，借了另一筆款，再買了一艘船。這種情況持續了幾年，每當一筆貸款還清後，他就成了這條船的主人，租金不再被銀行拿走，而是進了自己的腰包。

就是憑藉這樣巧妙的借貸方法，洛維格賺得了他事業的第一桶金，也開始了他輝煌的創業旅程。

生活中，會苦幹，更要會巧做。會巧的人，不一味走別人走過的路，總努力開闢一條新途徑，尋找新的機遇，儘管路上荊棘叢生；會巧做的人與眾不同，而且不介意與眾不同；會巧的人從不循規蹈矩，他們往往放蕩不羈，喜歡標新立異、獨闢蹊徑，以新的方法工作；會巧的人具有獨立性，他們具有獨立工作的能力，有時喜歡獨處，並對自己的信念和願望堅定不移；會巧會變通的人看問題具有與常人不同的眼光，他們具有特殊的綜合能力，往往別出心裁。如當別人說一加一等於二時，他們卻說或「一加一等於十一」。

總之，會巧做的人不滿足於淺顯的東西、世俗的東西、平庸的東西或陳腐的東西，不滿足於問題的固定答案，並在不斷的追求和探索中感到其樂無窮，因此，往往能夠避免王陽明所說的「有力卻無巧，只是白費力氣」的情形。

第五章　修練一顆「不動心」

我們每個人的心中都難免有理性和感性的天人交戰，這種「心、意、識」自訟的狀態就叫做「心兵」。

普通人心中隨時都在打內戰，如果妄念不生，止水澄波，心兵永息，自然天下太平，這就是王陽明所推崇的不動心的境界。

心無外物，超然灑脫

又問：「用功收心時，有聲、色在前，如常聞見，恐不是專一。」

曰：「如何欲不聞見？除是槁木死灰，耳聾目盲則可。只是雖聞見而不流去便是。」

其實，王陽明認為的不動心的境界，猶如人們常說的：「風吹雲動心不動，見到境界不動心。」

在佛家看來，「不動心」從本質上講，是指清淨空寂的真如本性。想要成功，不能缺乏「不動心」，它是思想意志的棟梁，失去了「不動心」，人就會失去生活的方向，在迷茫中徘徊。「不動心」還可以排除私心雜念，戰勝心魔，直達清淨自由的「如來」境界。由此可見，佛家是將「不動心」看作一個名字，即不動的心。

而王陽明則將「不動心」看作一個動詞，即王陽明常說的心無外物。只有做到心無外物，才能獲得真正超然物外的灑脫。

一天，家裡的醬油用完了，媽媽就叫家裡十歲的兒子拿一個空碗去打醬油。媽媽拿錢給孩子的時候，反覆囑咐他不要把醬油灑出來了。

醬油店離家不算遠，大概有四五百公尺的距離。小男孩買了醬油後，頭也不敢抬地往回走，他想到母親的交代，更加緊張。他始終盯著裝滿醬油的碗，一步一步地走在小路上，絲毫不敢東張西望，短短一段路感覺無比漫長，怎麼都走不完。

就在小男孩快要走到家門口的時候，一隻貓突然從他腳邊跑過去，嚇了他一跳，手一傾，醬油灑了大半。小男孩非常懊喪，端著剩下不多的醬油，戰戰兢兢地回到家。媽媽看到小男孩碗中的醬油後，非常生氣，把小男孩罵了一頓，小男孩委屈地哭了。

爸爸聽到小男孩的哭聲後，便叫小男孩過來，問他是怎麼回事。小男孩講了事情的經過，聽完後，爸爸就對孩子說：「你再去買一次醬油，這一次，你要一路上看看路上的人和物，有什麼好看的，回來後要講給我聽。」

小男孩不願意再去，他說自己連醬油都端不穩，怎麼還能四處看風景呢？爸爸便告訴他，那些耍雜技的人，他們走鋼絲的時候可是不看鋼絲的。小男孩將信將疑，還是決定聽從爸爸的話，再去打一次醬油。

這一次，小男孩端著醬油往回走，一路上看樹看花，覺得四處的風景都很好。村裡的小夥伴在跳繩，小男孩還跟他們打了個招呼。鄰居的大嬸見他端著滿滿一碗醬油，還走得又快又穩，誇獎了他。就這樣，小男孩不知不覺就走到了家，將醬油交給了媽媽。這時候，他才發現，碗裡的醬油依舊是滿滿的，一點都沒有灑。

同樣是端著一碗醬油回家，為什麼會有截然不同的兩種結果呢？關鍵就在於「動心」還是「不動心」。第一次端醬油回家時，小男孩雖然兩眼注視著醬油碗，心卻放在外物上，以提防隨時可能出現的危機；而在第二次端醬油回家時，儘管小男孩觀察路上的人和物，但他的心卻在手中的醬油碗上，這其實就是王陽明所說的「雖然聽見看見，但心不隨著聲色去」。

因此，人們在面對外境時應有自己的主張，不可隨意為之牽動、擾攘，更要正面地肯定自己，懷著「一住寒山萬事休，更無雜念掛心頭」的決心和氣魄，那麼不論時代如何動盪轉變，不論別人是罵你、唾你、汙你、謗你，還是褒你、獎你，你都能隨遇而安，不受束縛，自享一片光風霽月的心靈景緻，這就是王陽明所說的「致良知」之道。

過分執著於靜，易空虛寂寞

劉君亮要在山中靜坐。

先生曰：「汝若以厭外物之心去求之靜，是反養成一個驕惰之氣了；汝若不厭外物，復於靜處涵養，卻好。」

王陽明不贊成人們為了求靜而靜坐，他覺得過分執著於靜，易空虛寂寞。因為靜坐並非只是尋求安靜那麼簡單，如果僅僅是喜歡安靜，那麼遇到事情就會忙亂，難以有長進。這樣靜坐，也僅僅是表面看似收斂，而實際上卻是放縱沉溺。

而反對人們過於執著於靜的更重要的原因，是王陽明推崇心無動靜的思想。在他看來，心之本體即良知，是恆常不變，無前後、內外之分而渾然一體的天理。動靜只從事上看，遵循天理就是靜，順從欲望就是動，這其實就是人們常說的動中有靜、靜中有動、動而無動、靜而無靜、無動無靜、有動有靜等觀點。王陽明認為，遵循天理雖萬變而未嘗動，故動中有靜；順從欲望則心如槁木死灰亦未嘗靜，故靜中有動；有事感通是動，但其寂然之體未嘗增加，故動而無動；無事寂然是靜，但感通的功能未嘗減少，故靜而無靜。當然，王陽明所說的心無動靜，並不是說心沒有動靜，而只是說它體用如一，故動靜合一，即沒有絕對單一的靜，也沒有絕對單一的動。

既然認定心無動靜，王陽明就不主張人們過多地在靜上用功，而提倡動靜合一。正如他所說：「人心自是不息，雖在睡夢，此心亦是流動。如天地之化，本無一息之停。然其化生萬物，各得其所，卻亦自有靜也。此心雖是流行不息，然其一循天理，動自靜也。若專在靜上用功，恐有喜靜惡動之弊。動靜一也。」在王陽明看來，動靜如一，人們如果循理去欲，就能不求靜而心自靜；相反，如果過於執著於靜，順從人求靜的欲望而違背了天理，心中則沒有清靜可言。

有一位鬱多羅伽仙人，他本來想到一個樹林裡去參禪，但是樹林裡每天都有嘰嘰喳喳的鳥叫聲，他嫌煩，於是改到水邊去參禪，但是水裡有很多的魚在跳躍戲水，也有很多聲音，他又生起嗔恨之心。他恨鳥叫，幾乎想要把樹林伐盡；他恨水裡的魚不停跳躍，於是就發了個誓願：將來有一天，一定要把這許多鳥、魚通通抓住。由於這個境界影響了他的心，使心有所執著。最終，這個鬱多羅伽仙人未能參禪成佛，反而因為自己心中的那些惡念而被貶下凡，淪為一隻臭鼬。

鬱多羅伽仙人過分苛求安靜的參禪環境，致使心中生出了求靜的妄念，並產生了對鳴叫的小鳥和跳躍戲水的魚兒的嗔恨心，最終破壞了內心純淨的良知，也就落得個下凡為獸的結局。

總之，我們可以透過靜坐來養心，但不要刻意地追求靜，因為過於追求靜也是一種妄想。如果我們過於追求靜、執著靜，反而會達不到靜的境界。當我們執著於靜的時候，所產生的效果恰恰背離了我們的初衷，使我們離心之本體——良知——越來越遠。

修心，在萬事萬物上下功夫

或問：「釋氏亦務養心，然要之不可以治天下，何也？」
先生曰：「吾儒養心，未嘗離卻事物，只順其天則自然就是功夫。釋氏卻要盡絕事物，把心看作幻相，漸入虛寂去了，與世間若無些子交涉，所以不可治天下。」

心學作為心性儒學，最不同於其他儒學的，在於其強調生命活潑的靈明體驗。看似與佛學的心法修教十分相似，但佛學只求出世，而心學則是用出世之心做入世之事，即儒學所說的「內聖外王」。縱觀王陽明的一生，平國安邦、著書立說、馳騁騎射，全無文人的懦弱單薄。他動靜兼入極致，頓悟深遠，知行合一，於平凡中體現偉大，以入世中明見其出世的心境。由此來看，王陽明的一生嚴格奉行了他自己所提出的「把我們的良知應用到萬事萬物上」的理念，最終將心學發揚光大，使越來越多的人獲得心靈歡欣的智慧。

曾經有一個縣令長期聽王陽明講學，卻遺憾地對王陽明說：「先生的學說實在是好，只是我平時要處理的檔案繁多，案子複雜，沒有什麼時間去深入研究先生的這些學問。」

王陽明聽了，教導他說：「我什麼時候叫你離開你的檔案、案子憑空去做學問了？你既然要處理案件，就在處理案件上做學問，這才是真正的『格物』。比如，你在審理案件時，不因當事人回答時無禮而發怒，不因當事人言辭委婉周密而高興，不因當事人說情而心生厭惡乃至故意懲罰他，不因當事人哀求就屈意答應他，不因自己事務繁雜而隨便斷案，不因別人羅織罪名誹謗陷害而按他們的意願處治。如果你能認真反省體察克己，唯恐心中有絲毫的偏私而錯判了是非，你就已經是在實踐我所講的致良知了，哪裡還需要另外花時間來研究我說的那些學問呢？總之，處理檔案、審理案子都是實實在在的學問，如果脫離了具體事物去做學問，反而會落空。」

由此可見，只要我們不存私心，踏踏實實地做好手中的每一件事情，就已經是在「致良知」了。

有個修鞋匠每天都要經過不同的城鎮，為不同的人修補鞋子。有時候會遭遇狂風暴雨，阻塞去路；有時候賺不上多少錢，飢腸轆轆。但是他的身影從來沒有在人們的視線中消失過，每當太陽昇起的時候，他都會準時地將雙腳踏在這片寬闊的土地上。

修鞋匠已經修了十幾年的鞋，所經手的鞋有上等貨，也有廉價貨，有禮貌的顧客，也有故意刁難的市井無賴。但是這麼多年來，這個修鞋匠無論遇到什麼樣的事情，都認認真真地完成他的工作。他以此為樂，生活雖然過得很清貧，但是他依然很快樂。

每當有人向他說起「嗨，老哥，你用不著這樣。修鞋嘛，能穿就行了，用不著那麼認真」等類似的話時，這個修鞋匠總是這樣回答：「那樣我無法面對自己，生活也就沒意思了。你說，我怎麼能快樂呢？」

「你一定能長壽。」大家都說。

「謝謝，我的朋友。其實，我也這麼認為。」修鞋匠憨厚地笑著。

這個平凡的修鞋匠就是一個擁有純明良知且懂得將自己的良知應用到萬事萬物上的人，因而他才會風雨無阻地為人們修鞋，認認真真修補每一雙鞋。不為別的，只為了能夠「面對自己」，所以他是快樂的。

王陽明又何嘗不是如此，他透過對萬事萬物的體驗而提出了「良知」、「致良知」的修心之說。在良知與致良知上，他更看重後者，認為不講學，聖學不明，因而他也成為當時天下最「多言」的人。他透過講學、研討、撰寫詩文、通訊等方式，廣為傳播文化，培養和造就了一大批文化菁英。也正是因為他把自身的良知應用到萬事萬物上，才得以將心學發揚光大，幫助更多的人尋求心靈的安寧與喜悅。這種引領萬事萬物共同成長的行為，正是修心的最高境界。

修練不動心的境界

君子之學，務求在己而已。毀譽榮辱之來，非獨不以動其心，且資之以為切磋砥礪之地。

王陽明認為，一個有抱負、有君子修養的人學習的根本目的在於提升自己。面對外來的各種毀譽榮辱，不但不要被它們影響自己內心的安定，還要將它們作為磨練自己品性、提升自己素養的工具。王陽明正是因為達到了不動心的境界，才能在毀譽參半的生活中活出自我的精采。

正德十一年（西元一五一六年）七月，王陽明以都察院左僉都御史的身分，巡撫南安、贛州、汀州、漳州等地。他的同事王思輿對季本說道：「王陽明此行，必定會建立極大的事功。」季本好奇地問：「你是憑藉什麼如此說呢？」王思輿感嘆地說：「我用各種言語試探，根本無法觸動他啊！」果然，事實證明王思輿的判斷是正確的。

面對人生中諸多的毀譽榮辱，大可不必視之為洪水猛獸，而是以一種坦然自若的心情去對待，並藉此來修練自己的心靈，達到不動心的境界，以獲得優遊自在的人生。

世間的事紛至沓來，只有做到不動心，才能得到真正超然物外的灑脫。王陽明認為，心的本體，原本就是不動的。心不動，即便有三千煩惱絲纏身，亦能恬靜自如。生活的智者總是懂得在忙碌的生活之外，存一顆閒靜淡泊之心，寄寓靈魂。雖在忙碌中身體勞累，但因為時時有著一顆清靜、灑脫而無求的心，便很容易找到自己的快樂。

蘇軾是古代名士，既有很深的文學造詣，又相容了儒、釋、道三家關於生命哲理的闡釋，但即使這樣，他也不能真正領悟到心定的境界。

蘇軾被貶謫到江北瓜洲時，和金山寺的和尚佛印相交甚多，常常在一起參禪禮佛，談經論道，成為非常好的朋友。

一天，蘇軾作了一首五言詩：稽首天中天，毫光照大千。八風吹不動，端坐紫金蓮。他再三吟誦，覺得其中含義深刻，頗得禪家智慧之大成。蘇軾覺得佛印看到這首詩一定會大為讚賞，於是很想立刻把這首詩交給佛印，但苦於公務纏身，只好派了一個小書僮將詩稿送過江去請佛印品鑑。

書僮說明來意之後將詩稿交給了佛印禪師，佛印看過之後，微微一笑，提筆在原稿的背面寫了幾個字，然後讓書僮帶回。

蘇軾滿心歡喜地開啟了信封，只是先驚後怒。原來佛印只在宣紙背面寫了兩個字：「狗屁！」蘇軾既生氣又不解，坐立不安，索性擱下手中的事情，吩咐書僮備船再次過江。

哪知蘇軾的船剛剛靠岸，就看見佛印禪師已經等候在岸邊。蘇軾怒不可遏地對佛印說：「和尚，你我相交甚好，為何要這般侮辱我呢？」

佛印笑吟吟地說：「此話怎講？我怎麼會侮辱居士呢？」

蘇軾將詩稿拿出來，指著背面的「狗屁」二字給佛印看，質問原因。

佛印接過來，指著蘇軾的詩問道：「居士不是自稱『八風吹不動』嗎？那怎麼一個『屁』就過江來了呢？」

蘇軾頓時明白了佛印的意思，滿臉羞愧。

在世間操勞一生，卻能心安身安，著實是一件不容易做到的事。這需要我們持一顆清靜的心，帶著熱情去生活，不生是非分別，不起憎愛怨親，才能夠安穩如山，自在如風。

世上本無事，庸人自擾之。王陽明認為，大凡終日煩惱的人，實際上並不是遭遇了多大的不幸，而是自己的良知被矇蔽，因而對生活的認知存在著片面性，無法做出正確的決定而已。想要恢復自己的良知，達到不動心的境界，就要磨練自己，用心做好每一件事情，不輕起怒心、喜心、噁心、私心，不使心有一絲一毫的偏倚，保持心體的中正平和，自然能感受到生活中的快樂與幸福。

重視內心的修行，鍛造強大的氣勢

蓋用兵之法，伐謀為先。處夷之道，攻心為上。

王陽明認為，用兵作戰，先要以謀略制服敵人；要徹底地戰勝敵人，則要讓對方從心裡臣服於自己。王陽明的這一思想，與三國時期蜀國的著名政治家諸葛亮〈南征教〉所說的「攻心為上，攻城為下，心戰為上，兵戰為下」相類似。

征戰最主要的目的，並不是要消滅敵人的肉體，而是要使敵人心服口服。「攻心為上」，是歷代兵家克敵的有力武器。《孫子兵法》中有言「上兵伐謀，其次伐交，其次伐兵，其下攻城」，雖然沒有「攻心」之說，卻包含了攻心的策略。

王陽明作為人、人性、人心的研究家，當然知道攻心在戰爭中的重要作用。每次作戰之前，王陽明都會透過釋出榜諭，對百姓犯錯的原因進行入情入理的分析，並闡述寬大政策及自己不立即進兵的原因，殷切期望誤入歧途者幡然悔悟。在《王陽明全集》所輯錄的一百五十篇文章中，屬於榜諭性質的就有二十一篇。很多起義的百姓看到他的榜諭，都自動繳械投降，這就是戰爭的最高境界。

真正的強者，震懾的是人的心，而不是肉體。王陽明攻心為上，不費一兵一卒，就使對手屈服，實在為人稱許。「攻心為上」的核心在於「心」，一個人如果注重內心的修行，鍛造自己的氣勢，就能不戰而勝。

古代，有一個專門訓練鬥雞的名手叫紀消子。一天，君王讓他代為訓練一隻鬥雞。十天過後，君王詢問訓練情況：「進展如何？是否近日可用？」紀消子回答道：「時機尚未成熟，牠殺氣騰騰，一上場即橫衝直撞。」

又過了十天，君王再度詢問，紀消子還是回答說：「不成！牠只要一聽到鬥雞的叫聲，便馬上鬥志昂揚，無法控制自如。」

又過了十天，君王又來詢問此事，說：「怎樣了？現在該可以了吧！」紀消子仍然搖頭，說：「還不行，牠只要看見鬥雞的身影，便立刻來勢洶洶，火暴蠻鬥。」

十天很快又過去了。君王走到紀消子面前時，終於得到了滿意的答覆：「大功告成！如今牠置身競技場，不論其他的鬥雞如何挑其怒氣，煽其鬥志，牠都如木雞一樣，無動於衷。這就是內心充滿『德行』的證據。現在，無論什麼樣的鬥雞遇見它，莫不落荒而逃。」

紀渻子不愧為一個訓練鬥雞的高手，他將鬥雞培養成大智若愚的木雞，鍛造了鬥雞的內心氣勢，讓別的鬥雞充滿恐懼，不戰自敗。人亦如此，不要稍微有點能力就四處賣弄、不可一世，輕率隨便只會體現自己的無知，自我魅力的修養要靠長時間的鍛鍊才能形成。

軍事上講究「攻城為下，攻心為上」，說的就是心理博弈在競爭中的重要性。一個真正的強者是不會將威嚴流於表面的，他震懾的是人的心理，使人一種深不可測的「距離感」，使人無法真正了解他的內心世界，認為聽從他也許是最好的選擇，讓人不得不屈服、跟隨。正是這種不聲張、不傲氣、捉摸不透、神祕的感覺，彰顯了強者的人格魅力，讓人心甘情願地敬畏、崇拜。

內心沉穩、不怒自威才是真正的內心氣勢。面對激烈的競爭，我們不要急於與對手搏鬥，而要注重氣勢的培養。急於求成不僅不利於競爭，反而會讓我們一敗塗地。韜光養晦、引而不發，培養自己內心深沉、淡泊名利的氣質，當我們的修行到了一定境界的時候，內心的威懾力就會自然而然地流露出來，不需要激烈的競爭，我們的對手就會甘拜下風，失去反抗牴觸的想法。當我們掌握了王陽明所說的「攻心」之術，就能減少人際糾紛的煩惱，也能夠專心探求自己的良知了。

身處惡境，更要持重守靜

問：「靜時亦覺意思好，才遇事便不同，如何？」

先生曰：「是徒知靜養，而不用克己工夫也。如此，臨事便要傾倒。」

在生活中，很多人並不是因能力不足而被打敗，而是因無法掌控自己的情緒。在激烈的競爭形勢與強烈的成功欲望的雙重壓力下，我們往往會出現焦慮、歡喜、急躁、慌亂、失落、頹廢、茫然、百無聊賴等情緒。這些情緒一齊發作，擾亂了心靈原本的寧靜，更別說拿出時間來考察自己該做什麼了，甚至在錯誤的方向上埋頭苦幹，一路狂奔。始終無法把力量使在該使的地方，忙碌不止卻無法得到滿意的結果。而結果越是不令人滿意，人們的心就越浮躁，越難以安靜，也就越難以成功，從而陷入了惡性循環。

老子說：「輕率就會喪失根基，煩躁妄動就會喪失主宰。」非淡泊無以明志，非寧靜無以致遠，持重守靜乃是抑制輕率躁動的根本。故而緘默沉靜者，大用有餘；輕薄浮躁者，小用不足。

身處浮躁的世界，需要一顆寧靜的心，拂拭矇住雙眼的塵埃。保持一份寧靜，保養身心，洗滌思維，讓大腦在清澈的湖水中得到淨化，就能很明朗地知道自己該做什麼，該對什麼負責，從全域性著眼觀察整個人生，有條理地生活，防止陷於雜亂的事務中。

工作越是忙碌，我們越是要給自己一些獨處的時間，靜靜地反思自己的人生。對自身多一些關照和內省，有助於我們獲得內心的寧靜與和諧。

第二次世界大戰結束後，有人說杜魯門（Harry S. Truman）總統比以往任何一位總統更能承受總統職務的壓力與緊張，認為職務並沒有使他「衰老」或吞噬他的活力，認為這是很不簡單的事，特別是身為一位戰時總統必須面對許多難題。杜魯門的回答是：「我的心裡有個掩蔽的散兵坑。」他說，像一位戰士退進散兵坑以求掩蔽、休息、靜養一樣，他也時不時地退入自己的心理散兵坑，不讓任何事情打擾他。

我們也可以像杜魯門總統那樣，用想像力在自己的心靈深處為自己建造一處恬靜的房子。在這個恬靜的房子裡，你可以每天花點時間進行靜思，常常靜思可以讓我們更深入地了解自己的意識和思。當然，這並不意味著你要因此離群索居。靜思並沒有時間和地點的要求，散步時、購物時，你要做的也只是經常想一想自己在做什麼，為了什麼，價值何在。這種靜思可以讓你跳出成堆的檔案和應酬，擺脫繁忙的工作和名利的困擾，達到身心一致的和諧境界。

王陽明之所以一再提倡靜心，是因為他深知靜心可以帶來內在的和諧，恢復純明的良知。在他看來，內心寧靜的人，比那些汲汲於賺錢謀生的人更能夠體會到生命的真諦。目前，人們對於靜心越來越重視，越來越多的人透過靜坐冥想、練瑜伽、打太極拳等方式來消除浮躁，追求內心的平靜與和諧。

保持本色，以真示人

無事時固是獨知，有事時亦是獨知。

泰山拔地而起，於是造就了東岳的雄偉；黃山吞雲吐霧，於是成就了它的瑰麗；峨眉清幽秀美，於是展現了它的神奇山因自己的個性而呈現出千姿百態。雄也美，秀也美。萬事萬物，因有個性本真而美麗；芸芸眾生，因有個性本真而永恆。

王陽明曾對他的學生黃弘綱說，無事時是獨知，有事時也是獨知。人如果只在人們關注的地方用功，那就是虛偽的作假。因此，一個人在社會上生存，不要總希冀自己能夠瞞天過海，還是以真示人，但求無違我心的好。

子路、曾皙、冉有、公西華坐在孔子身旁。孔子說：「不要認為我比你們年紀大一點，就不敢在我面前隨便說話，你們平時總在說：『沒有人知道我呀！』如果有人想重用你們，那麼你們打算怎麼做呢？」

子路不假思索地回答說：「一個擁有一千輛兵車的國家，夾在大國之間，常受外國軍隊的侵犯，加上內部又有饑荒，如果讓我去治理，三年功夫，就可以使人人勇敢善戰，而且還懂得做人的道理。」孔子聽了，微微一笑，於是又問：「冉求，你怎麼樣？」

冉求回答說：「一個縱橫六、七十里或者五、六十里的國家，如果讓我去治理，等到三年，就可以使老百姓富足起來。至於修明禮樂，那就只得另請高明了。」

孔子又問：「公西華，你怎麼樣？」

公西華回答說：「我不敢誇口說能夠做到怎樣，只是願意學習。在宗廟祭祀的工作中，或者在與別國的會盟中，我願意穿著禮服，戴著禮帽，做一個小小的贊禮人。」

孔子接著問曾晳，這時曾晳彈瑟的聲音逐漸慢了，接著鏗的一聲，放下瑟直起身子回答說：「我和他們三位的志向不一樣呀！」孔子說：「那有什麼關係呢？不過是各自談談自己的志向罷了。」曾晳說：「暮春時節，天氣暖和，春天的衣服已經穿上了。我願意和五、六位成年人，六、七個青少年，到沂河裡洗洗澡，在舞雩臺上吹吹風，一路唱著歌回來。」

孔門這幾位弟子的個性躍然紙上，子路的忠誠與勇敢，冉有的謹慎，公西華的謙虛，曾晳心靈的平靜與淡然，都呼之欲出。個性就是一種特質，一種不因潮流而改變的東西，一種你有而別人沒有的東西。只有堅持獨屬於自己的才會是最美的。

明末清初大思想家王夫之在其書中曾強調，個人身處世間，不可「挾心而與天下游」，否則就會像「韓非知說之難，而以說誅。揚雄知白之不可守，而以玄死」。既然一個人不可「挾心而與天下游」，那就說明人生在世，要學會「以真示人」。但很多人都自認為聰明，可以騙得了天下人，其實，人的智慧相差無幾，一個人的小小伎倆怎麼可能瞞得了其他人呢？

東晉時，王家是大家族，社會地位很高。太尉郗鑑的女兒才貌雙全，郗鑑愛如掌上明珠，一定要找個門當戶對的人家。郗鑑覺得王丞相與自己情誼深厚，又同朝為官，聽說他家子嗣甚多，個個才貌俱佳。一天早朝後，郗鑑就把自己擇婿的想法告訴了王丞相。王丞相說：「那好啊，我家裡子嗣很多，就由您到家裡任意挑選吧！凡您相中的，不管是誰，我都同意。」

於是，郗鑑就命心腹管家帶上重禮來到王丞相家。王府子弟聽說郗太尉派人覓婿，都仔細打扮一番出來相見。尋來覓去，一數少了一人。王府管家便領著郗府管家來到東跨院的書房裡，就見一個袒腹的青年仰臥在靠東牆的床上，似乎對太尉覓婿一事無動於衷。

郗府管家回去向郗鑒報告說：「王家的少爺個個都好，他們聽到了相公要挑選女婿的消息以後，個個都打扮得齊齊整整，循規蹈矩，唯有東床上有位公子，袒腹躺著，若無其事。」郗鑒說：「那個人就是我想要的好女婿！」於是馬上派人再去打聽，原來那人就是王羲之。郗鑒來到王府，見王羲之既豁達又文雅，才貌雙全，當場決定擇為快婿。

王羲之並不因有人來挑選女婿就刻意打扮自己，這就是顯其真。一個以真示人的人一定會有一個好前途，所以王羲之被選中了。

真正成功的人生，不在於成就的大小，而在於是否活出自我。走自己的路，讓人們去說吧！何必把自己的人生交到別人的手中，何必要被別人的評論所左右，何不按照自己的想法去過自己的人生！

偽裝自己、改變自己只會丟失自己，這樣就沒有了存在的意義。王陽明提倡恢復心的本體，是告訴世人要保持最為本真的自己。每個人都是獨一無二的，無須按照他人的眼光和標準來評判甚至約束自己，無須效仿他人，要相信自己，保持自我的本色，無須去尋求各式各樣的機心，應以真心對待萬事萬物。事實上，只要我們在遵守團體規則的前提下保持自我本色，不人云亦云，不亦步亦趨，就能創造出屬於自己的美好人生。

在寧靜中感悟奔騰

陽明子曰：「紛雜思慮，亦強禁絕不得；只就思慮萌動處省察克治，到天理精明後，有個物各付物的意思，自然靜專，無紛雜之念；〈大學〉所謂『知止而後有定』也。」

靜坐是指放鬆入靜，排除雜念，呼吸自然，主要是為了讓人變得安靜，能感覺到自己的存在，然後進入忘我之境。靜坐可以讓一個人的身體保持內外的平衡，有利於提升自己的心靈境界。一個人若能在嘈雜中感悟寧靜，也就達到了人生快樂的極高境界。

在紛亂的社會生活中，人們常常感到不安。對此，許多大師如李白、白居易、蘇軾、陸游等都建議人們靜坐。王陽明也極為推崇靜坐養心，因而他才會建議弟子們「日間功夫，覺紛擾，則靜坐」。閉上眼睛養神，漸漸地外在的喧囂和熱鬧都消失了，隨即就會發現心靈內在更為美好的境界。也就是說，透過練習靜坐，可以感悟人生，了解自我，醫治心靈的創傷，並可促使注意力集中，開發潛在的智慧。

「獨坐禪房，瀟然無事，烹茶一壺，燒香一炷，看達摩面壁圖。垂簾少頃，不覺心靜神清，氣柔息定，濛濛然如混沌境界，意者揖達摩與之乘槎而見麻姑也。」這是《小窗幽記》人們闡述的一個幽靜、美妙的意境：獨自坐在禪房中，清爽而無事，煮一壺茶，燃一炷香，欣賞達摩面壁圖。將眼睛閉上一會兒，不知不覺中，心變得十分平靜，神智也十分清醒，氣息柔和而穩定。這種感覺，彷彿回到了最初的混沌境界，就像拜見達摩祖師，和他一同乘著木筏渡水，見到了麻姑一般。

人在心靜下來的時候，才能夠觀照到自己的本來面目。就好像波浪迭起的時候，我們無法看到水底的情況，只有在水平波靜的時候，才能看到清澈的水底一樣。所以，靜坐是人們放下心外一切的有效方法。

靜慮息欲致良知，這個辦法是王陽明講知行合一時提出的，當你感到萬分疲憊的時候，只需靜坐下來，閉上眼睛，開啟心眼去看內心存在的那個世界，疲勞就會漸漸消退，祥和空靈的境界隨之而來。

到達心靈的寧靜實屬不易，如果還要在寧靜的境界裡感悟人生的奔騰則是難上加難。因為外物的嘈雜難敵內心的安寧，但是環境的安寧卻不容易讓人興奮，當人們被靜謐所吞沒的時候，是興奮不起來的，因此在寧靜中讓自己的內心變得活力四射就顯得很難得。

人當心如止水，但是止水並不是死水，所謂靜止只是相對的狀態，人生往往是寧靜裡波濤洶湧，那些最平淡的事情裡面往往醞釀著最為激烈的。一個人如能做到在寧靜中感悟奔騰，便是到達心靈的至高境界。

第六章　自省是認識自己的最佳方法

自省，就是自我反省、自我檢查，以能「自知己短」，從而彌補短處，糾正過失。

自古以來的許多聖人、哲人正是透過自省使自己的人格不斷趨於完善，走向成熟的。王陽明也很看重自我省察，

他說省察是有事的時候存養天理，存養天理是無事的時候省察。透過省檢視清自己成功的基礎，不因為境況的不如意而渾渾噩噩，混天撩日。

靜坐常思己過，閒談莫論人非

一友常易動氣責人。

先生警之曰：「學須反己。若徒責人，只見得人不是，不見自己非。若能反己，方見自己有許多未盡處，奚暇責人？舜能化得象的傲，其機括只是不見象的不是。若舜只要正他的奸惡，就見得象的不是矣。象是傲人，必不肯相下，如何感化得他？」

是友感悔。

曰：「你今後只不要去論人之是非。凡當責辨人時，就把做一件大己私克去方可。」

王陽明勸誡一個容易生氣、喜歡責備別人的朋友說：「你要學著反省自己。如果光是責備別人，就只能看見別人的不對，而看不到自己的錯誤。如果能反身自省，就能看到自己很多不完善的地方，哪還有閒功夫去責怪其他人呢？舜能夠化解象的傲慢，主要在於他沒有發現象不對的地方。如果舜僅僅是糾正象的奸惡，就只能發現他的不對之處了。象是一個傲慢的人，一定不願聽他的，這樣怎麼能夠感化他呢？你今後別再去談論別人的是非，當你想責備別人的時候，就把它當作自己的一大私欲加以克制。」

談論他人是非並不是一個好的行為，古人曾如此告誡世人：「時時檢點自己且不暇，豈有工夫檢點他人。」聖人孔子也曾說過：「躬自厚而薄責於人。」其意思無非是，在靜查己過的同時勿論人非。

其實，所謂是非本身就是極其無聊的談資。而背後議論別人也不是正人君子的作風。做人就應該光明磊落，有話就當面說，不要在背後搞小動作。

要知道，搬弄是非不僅是害人，同時也是在害己，對自己沒有任何好處，反而讓人看不起。

張三被公司升為企劃科科長，而且事先沒有一點升遷的徵兆，對那些和張三在同一間辦公室相處好幾年的同事來說，真是一個極大的精神刺激。想到平日不分高下、暗中競爭的同事成了自己的上司，總讓人有一點酸酸的感覺。企劃科的幾個人就在張三的背後嚼舌根了：「哼！他有什麼本事，憑什麼升他的官？」一百個不服氣與嫉妒都脫口而出了，於是你一句我一句，把張三數落得一無是處。

李四是分配到企劃科不久的大學生，見大家說得激動，也毫無顧忌地說了些張三的壞話，如辦事拖拉、疑心太重等。可偏偏有一個陽奉陰違的王某，儘管他在私底下說張三的壞話說得比誰都厲害，可一轉身，他就把大家說張三壞話的事告訴張三了。

張三想：「別人對我不滿，說我的壞話我可以理解，你李四一個乳臭未乾的小子，才來公司幾個月，有什麼資格說我？」從此，張三對李四很冷淡，常藉故刁難他。

可憐李四大學畢業，一身本事得不到重用，還經常受到張三的指責和刁難，成了背後說是非的犧牲品。

背後議論人者，有些人是出於無聊，把議論別人當作一種消遣，從不考慮自己的言論將會對別人造成怎樣的後果。其實，這種人大多數時候並沒有什麼不良企圖，只是逞口舌之快，可是說者無心，聽者有意。無意中講的話很可能就被有意者斷章取義，成為攻擊他人和自己的武器。更何況什麼事情都應設身處地為他人著想，被議論的滋味並不好受。「己所不欲，勿施於人。」自己不願接受的事，為什麼要強加於人呢？

喜歡議論別人，對別人的缺點、錯誤瞭如指掌，而對自己卻不能有清楚的認知。喜歡議論別人的人，本身也存在著許多缺點，但他們往往看不到自己的缺點。這樣，缺點得不到改正，長此以往，就會阻礙自身發展。「正己才能正人」，不能律己，又何以要求別人呢？

在王陽明看來，是與非相差並不遙遠，「所爭毫釐耳」，但只差毫釐就有本質的變化。正所謂「失之毫釐，謬以千里」，好與壞、對與錯、是與非只在一念之間。既然這樣，不如少談論一些是非，多一些對自己的省察，以便更好地完善自我。

正視自己的錯誤，不要文過飾非

人有過，多於過上用功，就是補甑，其流必歸於文過。

王陽明認為，每個人都會犯錯，但如果過於在過錯上用功，就像是補破了的飯甑，必然會有文過飾非的弊病。這也是許多人在自省後常犯的錯誤，這主要是因為人們自省有錯誤認知：認為自省是為了幫助人們更好地掩蓋錯誤，而不是徹底地改正錯誤。

「文過飾非」出自唐劉知幾《史通．惑經》，意思是說人們用漂亮的言辭掩飾自己的過失和錯誤。

人非聖賢，孰能無過？只要是做工作、事業，難免會有各式各樣的過失、錯誤。問題在於怎樣對待已經出現的過失和錯誤。一種態度是實事求是，問題是什麼就承認什麼，有多大就說多大，絕不故意掩飾和扭曲；另一種態度是報喜不報憂，用虛偽的言辭掩飾自己的過失和錯誤，即文過飾非。後一種行為——掩飾自己的過失和錯誤——很容易放大錯誤，帶來重大災難。歷史上不乏這樣的事例。

南朝陳後主「性愚，惡聞過失」，他重用的大臣也多是文過飾非之徒。其中他最寵信的都官尚書孔范，雖然形容舉止文雅，善寫五言詩，但實為曲意承歡的狎客，後主「每有惡事，必曲為文飾，稱揚讚美」。就是這樣一群文過飾非的君臣，導致了陳朝的滅亡，最終通通成了隋文帝的俘虜。

因為掩飾自己的過失和錯誤，陳後主最終失去了江山，也害了自己。如果人們羞於面對自己的過失和錯誤，對其百般掩飾，也終將毀滅自己。相反，如果人們能坦然面對並努力修正自己的過失和錯誤，這些過失和錯誤就會成為我們人生路上的財富，為我們贏得成功和幸福。

事實上，過失和錯誤往往是成功的開始。正如美國一位大企業家所說：「年輕人需要多犯錯，因為錯誤是事業發展的最好燃料，錯誤可以讓你懂得如何扭轉逆境，我們只要學會如何不再犯同樣的錯就可以了。堅持這樣的（自省）原則，你會比那些保守的人更容易取得成功。」

西元一八八六年五月的一天，在喬治亞州的亞特蘭大市，藥劑師約翰．彭博頓（John Stith Pemberton）在自家的院子調製出一鍋能提神、鎮靜、減輕頭痛的飲料。彭博頓將這鍋液體帶到藥房，讓他的助理魏納伯倒出一杯來，並加入一些糖漿和水，然後新增些冰塊，他們嘗過後覺得味道極好。

當調製第二杯飲料時，助理魏納伯誤將含有二氧化碳的水當作普通水加入到杯中，卻使得飲料更加美味。因此，彭博頓沒將飲料作為「頭痛藥」，而是當作一般解渴的飲料來銷售。因為裡面含有古柯葉和可樂果，他們將這種飲料取名為「可口可樂」。如今，可口可樂已在一百多個國家暢銷，成為全世界最受歡迎的飲料之一。

正是魏納伯的一次過失成就了飲料界的「巨星」可口可樂。由此可見，過失和錯誤不只會對人們的生活產生負面影響，也有其正面價值。如果人們能夠意識到自己的過失和錯誤，就能夠憑藉過失和錯誤的正面價值獲得成功。

然而，大多數人自省時都只看到過失和錯誤的負面影響，而忽視了其正面價值。他們害怕犯錯，希望自己做的每件事都是正確的，以至於他們只想避免做錯事，而不敢去嘗試一些新東西，不去接觸新的技術，不去接受新的事物，總是試圖掩飾自己的弱點而不是去勇敢地克服它，因此，他們總是在原地踏步，甚至越來越糟糕。王陽明認為，既然錯誤已經發生了，就坦然面對，努力去改正；如果竭力去掩飾錯誤，就好像補已經破碎的飯甑一樣，白白耗費自己的時間和精力，對自己的發展也沒有益處，這才是自省的真諦。

知錯能改，善莫大焉

夫舊習之溺人，雖已覺悔悟，而其克治之功尚且其難若此，又況溺而不悟，日益以深者，亦將何所抵極乎！

在王陽明看來，意識到自己做了錯事或者有錯誤的習慣而悔悟，是一件不容易的事情。但是悔悟了，要想戰勝習慣的力量，改正錯誤更加不易。不怕人犯錯，就怕同樣的錯誤一犯再犯。所謂「金無足赤，人無完人」，人都是不完美的，總是會犯各種錯誤，因此，古人曰：「人非聖賢，孰能無過？過而改之，善莫大焉。」知錯能悔、能改，就是「致良知」的表現——去除遮蓋住良知的塵埃，恢復良知的豁然明亮。

儘管人們經常把「對不起」掛在嘴邊，然而又有幾個人能夠真心懺悔呢？曾參所說「三省吾身」的「省」含有懺悔的因素。有悔才能有改，不斷地改正才能成為真正的聖人。

在西晉時期，有一個名叫周處的人。他自小沒了父母，又不受長輩的管教，到處惹是生非，打架鬥毆，橫行鄉里，當地的百姓都很討厭他。當時，百姓們將村子旁邊河中的蛟龍、山上的白額虎和周處並稱為「三害」。

後來有人問周處：「既然你這麼有本事，何不去殺死蛟龍和猛虎，證明一下你的實力呢？」周處聽了，為了證明自己比蛟龍和猛虎更厲害，決定去和蛟龍、猛虎搏鬥。他上山擊斃了猛虎，又下河斬殺蛟龍。經過了三天三夜，終於將蛟龍殺死了。周處三天沒有回來，鄉親們都以為他已經死了，高興地慶祝。周處提著蛟龍的頭回到村裡，看到鄉親們在慶賀，這才明白，自己已經被大家痛恨到了極點。於是，他痛改前非，終於成為一個清廉的好官，被家鄉的人們所稱頌。

周處正視自己的過失，不是一件容易的事情，需要很大的勇氣。王陽明曾告訴自己的學生：凡事要懂得從自己身上找原因，而不是在別人身上找原因。倘若我們能將這種反求諸己的懺悔融入我們的生活中，成為我們生活的一部分，那麼懺悔將不再是一件痛苦的事情，相反，它會是一種享受。你可以在懺悔中思考，甚至可以用苛刻收容你過去的所有過失，讓這一切時間的作用變成神聖的永恆。

懺悔能潔淨我們的靈魂。在懺悔中，我們能意識並改正已犯下的過錯，並且在此基礎上防止同樣的錯誤再次發生，不斷地改進並完善自身。

西漢時期，漢中有個叫程文矩的人。他的妻子不幸去世，留下四個兒子。之後他娶李穆姜為妻，又生了兩個男孩。程文矩死後，繁重的家務和教育孩子的責任都落在了李穆姜身上。作為後母的李穆姜對程文矩前妻所生的孩子無比慈愛，甚至比對自己的親生兒子還好。但是，這四個孩子卻一點都不尊敬她，還處處為難她，認為李穆薑是假仁假義。

久而久之，有鄰居勸李穆姜不要再管他們了。李穆姜卻說：「我要用禮儀勸導他們，不讓他們走向邪路。」有一次，程文矩前妻的大兒子程興重病在床，李穆姜十分難過，她不僅到處求訪名醫，還親自熬藥，將程興照顧得無微不至。在李穆姜的精心照料下，程興慢慢痊癒。李穆姜的行為深深感動了程興，他不僅向李穆姜道歉，還對三個弟弟說：「繼母仁慈，我們兄弟卻置她的養育之恩於不顧，連禽獸都不如。雖然繼母並不怪我們，對我們越來越好，但我們的罪過是不可寬恕的。」四兄弟因為悔恨，跑到掌管刑罰的官員面前請求治罪。事情傳到了漢中太守那裡，太守不僅表彰了李穆姜，還讓四兄弟改過自新。在李穆姜的嚴格教育下，四兄弟都各有建樹。

程文矩前妻的四個孩子意識到了自己的錯誤，並且改過自新，才有了後來的建樹。然而，在現實生活中，雖然也有很多人有勇氣承認自己的錯誤，但是缺乏改過的決心，知錯而不能改。的確，承認錯誤只需要幾分鐘，改正過錯卻需要花費很長的時間，沒有毅力是做不到的。雖然勇敢地跨出了第一步，但是因為無法持之以恆，終究難逃重蹈覆轍的結局。

人的一生總是難免會犯各種錯誤，問題的關鍵在於如何面對過錯。首先是知錯，若連自己的錯誤都不承認，又何談改錯，其後果也必定會是一錯再錯。但若能正視、承認自己的過錯，並且能改正，那麼，錯誤對於我們而言就是一筆財富，我們的良知也就能保持豁然明亮，從而輕鬆應對任何事情。

克服傲慢自大的毛病

先生曰：「人生大病，只是一傲字。為子而傲必不孝，為臣而傲必不忠，為父而傲必不慈，為友而傲必不信。故象與丹朱俱不肖，亦只一傲字，便結果了此生，諸君常要體此。人心本是天然之理，精精明明，無纖介染著，只是一無我而已。胸中切不可有，有即傲也。古先聖人許多好處，也只是無我而已。無我自能謙，謙者眾善之基，傲者眾惡之魁。」

自古以來，聖人都反對傲慢，孔子曾說：「如有周公之才之美，使驕且吝，其餘不足觀也已。」意思是說，一個君主即使有周公那樣美好的才能，如果驕傲自大而又吝嗇小氣，其他方面也就不值一提了。孔子反對驕傲的態度顯而易見。

人們常說：「牛一毫莫自誇，驕傲自滿必翻車。歷覽古今多少事，成由謙遜敗由奢。」這句話告誡人們：一個人無論取得了多大的成就都不應該驕傲，你能做到的，別人也能做到，甚至做得更好；你能想到的，一定也有人想到了，甚至比你考慮得更周到。俗話說「天外有天，人外有人」，你的見解有時候不過是大眾心照不宣的共識，你做成的事情對別人來說不過是舉手之勞。

許多時候，人們因為取得一些成績而變得傲慢，認為自己出類拔萃，不禁飄飄然起來；做到一件事情就認為全世界只有自己能做到，想到一件事情就認為全世界只有自己能想到。得了「傲慢病」的人們，輕則暈頭轉向，忘乎所以，重則感情、事業受挫，乃至性命堪憂。

在英國著名小說《傲慢與偏見》(*Pride and Prejudice*)中，作者借男主角達西（Fitzwilliam Darcy)很好地表現了傲慢對人生的負面影響。

達西出身名門貴族，有萬貫家財，因而是許多女孩追逐的目標。當他出現在舞會上，女孩們紛紛向他投去愛慕的目光。但他非常傲慢，認為她們都不配做他的舞伴，其中包括女主角伊麗莎白（Elizabeth Bennet)。正如達西對朋友賓利（Charles Bingley)所說的那樣：「她（伊麗莎白）長得可以『容忍』，但還沒到能引起我的興趣的程度。」也正是他的傲慢，傷害了自尊心非常強的伊麗莎白，於是伊麗莎白決定不去理睬這個傲慢的傢伙。

可是不久，達西對活潑可愛的伊麗莎白產生了好感，進而愛上了她。然而，即便是在第一次向伊麗莎白求婚時，達西也仍然抱有一種志在必得的傲慢心態，露出高高在上的表情，使得伊麗莎白誤認為是達西無聊之極做出的調侃行為，怒斥達西「毫無禮貌」。經過這次的教訓，達西才真正意識到他的傲慢是追求伊麗莎白的障礙。最後他改掉了傲慢的態度，學會了與人平等對話，也消除了伊麗莎白對他的偏見，贏得了伊麗莎白的愛。

傲慢令達西險些失去愛情，而一旦拋棄傲慢，學會自省，達西就收穫了愛情，由此可見傲慢的危害之大。正如俄國心理學家巴夫洛夫 (Ivan Petrovich Pavlov) 所說：「不要讓驕傲支配了你們。由於驕傲，你們會在該同意的時候固執起來；由於驕傲，你們會拒絕有益的勸告和友好的幫助；由於驕傲，你們會失掉客觀的標準。」

哲學家蘇格拉底 (Socrate) 曾說：「驕傲是無知的產物。」越是沒有本領的就越加自命不凡。傲慢的人大多缺乏實事求是的精神，他們往往只看到自己的長處、成績和功勞，看不到自己的短處、弱點和不足，而且好用自己之長比人之短，越比越覺得自己優秀，別人全都是豆腐渣。

為避免傲慢帶來惡果，王陽明勸誡人們培養謙虛、自省的態度。古時，堯允恭克讓，舜溫恭允塞，禹不自滿，文正徽柔恭敬，孔子溫良恭儉讓，他們都是謙虛自省的典範。在王陽明看來，謙虛自省是人生最大的美德，王陽明自己也是一代謙虛自省的楷模。他有功而辭封，遭謗而不辯；當弟子稱其人品之高如泰山，不知仰者，須是無目之人時，他則淡淡地說：「泰山不如平地大，平地有何可見？」

聖人孔子曾說：「聰明聖知，守之以愚，功被天下，守之以讓，勇力撫世，守之以怯，富有四海，守之以謙，此所謂挹而損之之道也。」意思是說，一個人聰明睿智而能自安於愚，功蓋天下而能謙讓自持，勇力足以震撼世界卻能守之以怯懦，擁有四海的財富，但能謙遜自守，這是抑制並貶損自滿的方法啊！也就是說，如果人們能時刻自省並謙虛地待人處事，往往能夠獲得成功和幸福。

同樣的錯誤不犯兩次

顏子不遷怒，不貳過，亦是有「未發之中」，始能。

「不遷怒，不貳過」語出《論語．雍也》。魯哀公問孔子：「你的弟子之中誰最好學？」孔子回答說：「顏回好學，不遷怒，不貳過。」意思是指不遷怒於人，不重複自己的過錯。

國學大師梁漱溟在「孔家思想史」中講道：「不貳過有兩層意思：一是知過。知過非常之難，根本問題是在此。我們平常做了許多錯事，卻往往不知道。二是改過。知過後便不再有過，就是所謂一息不懈，所以說過而能改不為過矣。」

著名學者錢穆在《論語新解》中說：「不貳過，非謂今日有過，後不更犯。明日又有過，後復不犯。當知見一不善，一番改時，即猛進一番，此類之過即永絕。故不遷怒如鏡懸水止，不貳過如冰消凍釋，養心至此，始見工夫。」正如國學大師南懷瑾認為的那樣：「不遷怒」指的是操守，而「不貳過」則升格為修養的一層。

「不貳過」寥寥數字，聽著簡單，做則不易。現實生活中，有很多人對過失和錯誤諱莫如深，千方百計粉飾辯解；有人面對批評總是強調客觀，怨天尤人；有的人則認為過失和錯誤人皆有之，不足為怪。有這種文過飾非做法的人，因為沒有深刻意識到自己的過失和錯誤產生的根源，勢必還會再犯錯。

《孟子》中曾有一個故事：

有個人每天都偷鄰居家一隻雞，有人勸告他說：「這不是君子之道。」偷雞者卻說：「那我就每月偷一隻雞吧，等來年再停止偷雞。」

對此，孟子說：「既然已經知道了偷雞這種行為的錯誤性，就應當立即改正，怎能還要等到來年再改正錯誤呢？」

故事中的偷雞者正是因為不懂得「不貳過」，不懂得反省自己的過錯，才不能即刻改正錯誤。正如人們常說的：「聰明的人和愚蠢的人的區別就是，聰明的人同樣的錯誤只犯一次，而愚蠢的人同樣的錯誤犯多次，甚至是屢教不改。」很明顯，故事中的偷雞賊屬於後者。

子虛是一家醫療器械公司的銷售員，她剛來公司的時候銷售業績排在倒數第一，一年後卻成了銷售冠軍。此後，子虛的銷售業績穩步增長，幾乎是月月得冠軍。很多同事羨慕不已，向子虛取經，問她有什麼祕訣。子虛從包裡拿出一個黑色的筆記本，對同事說：「這就是我的祕訣。」同事翻開一看，裡面密密麻麻地記載了子虛與客戶打交道時犯的所有錯誤，以及每一次犯錯後的心得。

不犯同樣的錯誤是子虛事業成功的祕訣，也是人們得到幸福人生的最佳保障。

《周易》上說「日新謂之盛德」，就是說每一天都有進步，這就是最高尚的品德了。而「行無貳過」則是「日新」的基礎，如果不犯同樣的錯誤尚且難以做到，那麼何談進步呢？

人之所以犯同樣的錯誤，有時是因為世事百態紛繁複雜難以精確掌控，更重要的是因為人們不善於自省。人愈是不善於反思、總結，缺乏自制力，犯同樣錯誤的機率就會愈高；而性格堅定、沉穩、善於自省之人，反覆犯錯的機率則會低很多。

善於反省，揚長避短

天理人欲，其精微必時時用力省察克治，方日漸有見。

王陽明認為，存天理去私欲，其精微之處必須時刻反省體察克制，才能漸漸有所得。也就是說，一個人只有經常反觀自省，才能認識自己、改善自己。正如一個東西，用秤稱過，才知道它的輕重；用尺量過，才知道它的長短。世間萬物，都要經過某些標準的衡量，才知道究竟。而人們透過自我反省、自我檢查，就能「自知己短」，從而彌補短處，糾正過失。

王陽明就是一個懂得自省的人。年少時候的王陽明曾到居庸關去「見世面」，他回來之後向父親表達了以幾萬人馬討伐韃靼的志向，當時父親批評他太狂傲。之後，王陽明經過一番思考、自省，向父親承認了自己的錯誤。王陽明善於自省，在他立志要成為聖賢的那一天起，「格物窮理」成了他每天必做的任務。但是「格物」並不是一天兩天就能見成效的，在格物的過程中，王陽明也透過自省、反思一次次地推翻自己的理論，最後才得以創立心學。可以說，王陽明的成功與他善於反躬自省是分不開的。

孔子的學生曾參說，他每天從三方面反覆檢查自己：替人辦事有未曾竭盡心力之處嗎？與朋友交往有未能誠實相待之時嗎？對老師傳授的學業有尚未認真溫習的部分嗎？他就是這樣天天自省，長處繼續發揚，不足之處及時改正，最終成為學識淵博、品德高尚的賢人。

有位哲學家在晚年的時候刺瞎了自己的雙眼，別人都不理解他的這一舉動。他說：「我只是為了更好地看清自己。」、「知人者智，自知者明。」真正的聰明人必須具備自知之明。何謂自知之明？孔子說：「知之為知之，不知為不知，是知也。」孔子的學生曾子也強調：「吾日三省吾身。」聖人都有自知之明，因為他們時刻審視自己。能夠時時審視自己的人，一般都很少犯錯，因為他們會時時考慮：我到底有多少力量？我能幹多少事？我該幹什麼？我的缺點有哪些？為什麼失敗了或成功了？這樣就能準確地找出自己的優點和缺點，為以後的行動打下基礎。

有一個年輕人，在街角的小店借用電話。他用一條手帕蓋著電話筒，然後說：「是王公館嗎？我是打電話來應徵做園丁工作的，我有很豐富的經驗，相信一定可以勝任。」接電話的人回答說：「先生，恐怕你弄錯了。我家主人對現在聘用的園丁非常滿意，主人說園丁是一位盡責、熱心和勤奮的人，所以我們這裡並沒有園丁的空缺。」年輕人聽罷，便有禮貌地說：「對不起，可能是我弄錯了。」接著便掛了電話。小店的老闆聽了年輕人的話，便說：「年輕人，你想找園丁工作嗎？我的親戚正要請人，你有興趣嗎？」年輕人說：「多謝你的好意，其實我就是王公館的園丁。我剛才打電話是為了自我檢查，確定自己的表現是否合乎主人的標準而已。」

人生最大的敵人是自己，那些認真審視自己、時刻反省自己的人，才可能真正覺悟。反省是一棵智慧樹，只有深植在思維裡，它才能與你的神經互聯，為你提供源源不斷的智慧，讓人生變得簡單、精采起來。可見，只有不斷自我反省，才能使自己不斷進步。

高爾基(Maxim Gorky)說：「反省是一面瑩澈的鏡子，它可以照見心靈上的汙點。」能夠時時審視自己的人，一般很少犯錯，因為他們會時時分析自己的優點和缺點，跳出自己的局限來重新觀看、審察自己的所作所為是否正確。只有不斷反省，才可以令自己立於不敗之地。

別過分執迷於細節問題

吾子未暇良知之致，而汲汲焉顧是之憂，此正求其難於明白者以為學之弊也。

王陽明認為，一個人如果不去保有自己的良知，而是對一些細節問題念念不忘，則正是有將那些難以理解的東西當作學問的弊病了。王陽明是在告誡人們在自省的同時也不要過分執迷於細節問題，以免因小失大。

人們常說：「細微之處見端倪。」說的是很多事情都可以從生活細節中看出個究竟，生活細節在一定程度上能夠反映出一個人的性格和為人處世的原則，相當於個人的「名片」，是認識、了解一個人的重要途徑。所以，注重細節是讓自己更出色、更能得到別人認可的關鍵，將對個人日後的發展有著不可忽視的正向作用，甚至是必不可少的。

然而，自省時如果過分執迷於細節問題，則是人們成功的一大阻礙。自古以來，聖人、偉人在行事時大都不會被細節問題所約束，因為他們深知：行事時固然要小心謹慎，但也要表現出隨意的姿態，不必知道事情的全部細節，也就不會因過分執迷於細節問題而苦惱。

在非洲草原上，有一種不起眼的動物叫吸血蝙蝠，牠們的身體極小，靠吸動物的血生存，是野馬的天敵。在攻擊野馬時，牠們常附在野馬腿上，用鋒利的牙齒迅速、敏捷地刺入野馬腿，然後用尖尖的嘴吸食血液。無論野馬怎麼狂奔、暴跳，都無法驅逐蝙蝠。蝙蝠從容地吸附在野馬身上，直到吸飽才滿意而去。野馬往往在暴怒、狂奔、流血中無奈地死去。

動物學家們百思不得其解，小小的吸血蝙蝠怎麼會讓龐大的野馬斃命呢？於是，他們進行了一次實驗，觀察野馬死亡的整個過程。結果發現，吸血蝙蝠所吸的血量是微不足道的，根本不會使野馬斃命。動物學家們在分析這一問題時，一致認為野馬的死亡是牠暴躁的性格和狂奔所致，而不是因為蝙蝠吸血所致。

野馬太過於在意被吸血蝙蝠啃咬這個問題，牠們越是想要擺脫吸血蝙蝠，越會造成血液嚴重流失，直至死亡。如果能夠理智地發現吸血蝙蝠並不會危及自己的生命，牠們也就不會暴躁、狂奔並因此喪命了。其實，這也是在告誡人們不要為小事抓狂，這並非真正的自省。

曾國藩提出，為了實現更大的目標，從大處著眼，就應該適當地忽略一些小事，這樣自己才能有更多的精力去處理關鍵的問題，爭得事情的主動權。咸豐十一年（西元一八六一年），曾國藩在寫給弟弟的信中說：「弟論兵事，宜從大處分清界限，不宜從小處剖析微茫。」成大事者，往往著眼大局，可是也有一些人只追求小處的利益，看不到大局，結果常常誤事。曾國藩把朝廷中人的這種心理當成是一種弊病，曾經幾次上奏皇上，希望皇上能夠提點有這類陋習的人，讓他們注意改正。在曾國藩看來，每一個人都不是完美的，都可能犯這樣或者那樣的錯誤，性格上也可能存在不足，但是只要不耽誤整體的發展方向就是好的。因此，善於自省的他從不執迷於細節問題。

雖然細節決定成敗，注重細節能夠幫助人們更好地完善自己，從而獲得成功；但過於執迷於細節就很可能使得人們目光短淺，因小失大，反而阻礙自己獲得成功。正如王陽明所說：「用功到精處，愈著不得言語，說理愈難。若著意在精微上，全體功夫反蔽泥了。」即用功到了精妙的地方，越是無法用語言表達，說理就越難。如果執著於精妙的地方，全體的功夫反而被遮蔽了，自省反而變成了成功的阻礙。

第七章　做學問必須從內心下功夫

讀死書、死讀書是參不透書中蘊含的人生智慧的。

因此，王陽明一再勸誡我們：做學問必須在自己的心上狠下功夫，凡是看不明白、想不通的，回到自己的內心仔細體會。

四書五經所闡述的不過是心體，這個心體就是所謂的「天理」，體明就是道明，再沒有別的。

這是讀書做學問的關鍵，也是獲得人生幸福的關鍵。

博學是成功的基礎

良知不由見聞而有，而見聞莫非良知之用。故良知不滯於見聞，而亦不離於見聞。

在王陽明看來，良知雖然不是來自人們平時的見聞，但人們的知識大都是從見聞中產生的，即見聞都是良知的運用。因此，良知不局限於見聞，但也離不開見聞。

對於見聞這個問題，王陽明認為人們要做到「博文」即「唯精」，「約禮」即「唯一」。即人們只有廣泛地在萬事萬物上學習存養天理的方法，才能求得至純至精的天理，才能求得天理的統一與完整，因為天理只有一個。總之，在王陽明眼裡，見多識廣才能更好地致良知，獲得心靈的平靜和喜悅。

《禮記．中庸》有云：「博學之，審問之，慎思之，明辨之，篤行之。」這裡說的是為學的幾個層次，或者說是幾個遞進的階段。「博學之」意為學首先要廣泛地獵取，培養充沛而旺盛的好奇心。好奇心喪失了，為學的欲望隨之消亡，博學遂為不可能之事。「博」還意味著博大和寬容，唯有博大和寬容，才能相容並包，使為學具有世界的眼光和開放的胸襟，真正做到「海納百川、有容乃大」，進而「泛愛眾，而親仁」。因此博學乃能成為為學的第一階段，沒有這一階段，為學就是無根之木、無源之水。

縱觀歷史長河，那些成功的大師和智者無不是滿腹經綸、學富五車，他們四處學習，到處遊歷，最後達到了博學多才的境界。

佛學高僧星雲大師就是一個博學的人，正如他自己所說：「從小到大，我一直喜歡閱讀名人傳記。在神遊古今中外時，發現成功幾乎都屬於勤奮工作的人，而驕奢放逸的人注定要走向失敗的命運。多年來，我走訪了很多地方，在考察人文風俗，經過一番比較之後，深深感到前途充滿希望的國家，往往都擁有樂觀進取的人民；反之，落後貧窮的國度裡，不知勤奮生產的人比比皆是。我發覺那些具有恆心毅力、能夠百折不撓的朋友，活得最為充實幸福。我自己做過各類不同的苦工、勞役，只要利濟有情的事業，縱使是經過一番辛苦奮鬥，都能令我終生回味無窮，所以我經常告誡徒眾說：『博學多識，是善德，是財富；才疏學淺，是罪惡，是貧窮。』」

在星雲大師看來，人要成功，首要就是做到博學；而博學的首要就是讀書學習。正如吳兢在《貞觀政要．崇儒學》中所說，雖然上天給了人好的品性和氣質，但博學的人才能有所成就。這就像一塊玉石，要進行打磨才能展現它的完美；木材雖本性包含火的因素，但要靠點火的工具才能燃燒；人的本性中包含著聰明和靈巧，要到學業完成時才能顯出美的本質。

一般說來，知識越淵博、閱歷越豐富的人，應變能力就越強。他們反應敏捷，在交往中遇到緊急情況時能夠調動長期累積的生活經驗和各種知識思考解決，從而使「山重水複疑無路」轉化為「柳暗花明又一村」。一個人的社會知識多了，閱歷豐富了，他就懂得了一些社會因素、心理因素，那麼在與人交談時，就更得體、更有分寸。所以，要成為一個成功者就要多掌握一些知識，這不僅是人際交往之必需，更是讓心靈寧靜、喜悅的最佳保證。

尤其在當今時代，現代科學一方面高度分化，另一方面高度綜合；邊緣學科相繼產生，自然科學和社會科學逐漸交融。這就要求我們既要學點社會科學，又要學點自然學科；既要廣泛涉獵，又要學有專長。具體地說，我們應該多少知道一些天文、地理和人情知識。此外，除了在一定程度上了解自然、歷史、文學、美學、心理學、倫理學、企業經營管理、商業、經濟學等之外，像民間故事、歷史掌故，有意思的笑話、隱語、習俗等，都應該儲存在大腦中，逐漸建起一座知識的倉庫。有這個知識的倉庫，我們才能更全面更深入地認識自己、認識世界，才能幫助自己獲得成功的人生。

循序漸進，才能有長進

問：「知識不長進，如何？」

先生曰：「為學須有本原，須從本原上用力，漸漸『盈科而進』。仙家說嬰兒，亦善譬。嬰兒在母腹時，只是純氣，有何知識？出胎後，方始能啼，既而後能笑，又既而後能識認其父母兄弟，又既而後能立、能行、能持、能負，卒乃天下之事無不可能。皆是精氣日足，則筋力日強，聰明日開，不是出胎日便講求推尋得來，故須有個本原。」

《論語．憲問》有曰：「不怨天，不尤人，下學而上達，知我者其天乎？」朱熹注：「此但自言其反己自修，循序漸進耳。」就是說，如果一個人能夠在生活中按照一定的步驟逐漸深入或提高，最終就能獲得聖人的學問。

從前，紀昌去拜箭法高手飛衛為師學習射箭，飛衛讓他練好眼睛的基本功。他回家看妻子織布，練就圓睜眼睛，一眨也不眨。飛衛讓他練把小東西看成大東西，紀昌練到把頭髮上的小蝨子看成車輪。飛衛這才教他射箭，從此成為百發百中的神射手。

如果飛衛對初學箭術的紀昌大講特講射箭的理論知識，而不是讓他從練習瞄準開始，循序漸進地教學，飛衛將很難成為百發百中的神射手。

做到循序漸進，最好的辦法就是將大目標分化成許多小目標，這樣達到目標就會變得簡單快樂得多。正如俄國大文豪托爾斯泰（Lev Nikolayevich Tolstoy）所說：「人要有生活的目標：一輩子的目標，一個階段的目標，一年的目標，一個月的目標，一個星期的目標，一天的目標，一小時的目標，一分鐘的目標，還得為大目標犧牲小目標。」

在西元一九八四年的東京國際馬拉松邀請賽中，名不見經傳的日本選手山田本一出人意料地奪得了冠軍。當記者問他憑藉什麼取得如此驚人的成績時，他說：「憑智慧戰勝對手。」而這個「智慧」是什麼，山田本一沒有解釋。

十年後，人們才從山田本一的自傳中找到「智慧」的答案：「每次比賽之前，我都要乘車把比賽的路線仔細地看一遍，並把沿途比較醒目的地標畫下來。比如，第一個地標是銀行，第二個地標是一棵大樹，第三個地標是一座紅房子……這樣一直畫到賽程的終點。比賽開始後，我就以百公尺賽跑的速度奮力地向第一個目標衝去，等到達第一個目標後，我又以同樣的速度向第二個目標衝去。四十多公里的賽程，就被我分解成幾個小目標輕鬆地跑完了。起初，我並不懂這樣的道理，我把我的目標定在四十多公里外終點線的那面旗幟上，結果我跑到十幾公里時就疲憊不堪了，因為我被前面那段遙遠的路程嚇倒了。」

第一個目標、第二個目標、第三個目標……正是這種循序漸進的方法幫助山田本一成為冠軍。

這種簡單的方法被許多成功人士採用，美國著名作家賽瓦德說過：「當我打算寫一本二十五萬字的書時，一旦確定了書的主題和框架，我便不再考慮整個寫作計畫有多麼繁重，我想的只是下一節、下一頁甚至下一段怎麼寫。在六個月中，除了一段一段開始外，我沒想過其他方法，結果就水到渠成了。」

因此，無論是讀書做學問，還是經營生活、工作，人們都不要畏懼過於遙遠的目標，而要運用化整為零的方法，忙碌於一個又一個眼前可以企及的小目標，循序漸進，最終實現自己的大目標。這正是王陽明所說的「循序漸進，才能有所長進」的道理。

學無止境，永無巔峰

與其為數頃無源之塘水，不若為數尺有源之井水，生意不窮。

「問渠那得清如許，為有源頭活水來。」朱熹這句詩同王陽明「與其為數頃無源之塘水，不若為數尺有源之井水，生意不窮」這句話不謀而合。在他們看來，人生本身就是個不斷學習的過程，除非我們自己限制了自己的眼界和見識，否則學習永遠沒有止境。

其實，很早以前孔子在《論語》中就說過：「學如不及，猶恐失之。」蔡元培先生解釋說，一個人真正用心做學問，就會像孔子說的那樣，總覺得自己還不夠充實，還有許多進步的空間。就好像去追趕什麼，總怕趕不上，趕上了又怕被甩掉，有這樣的求學精神，就不需要怕原有的學問和修養會消失。不管做什麼、學什麼，總有很多知識是你沒有學到的，做學問不要驕傲自滿。人只有放下自我，才能成為一個空的容器，繼續容納事物。

一名徒弟跟著一位名師學習技藝，幾年之後，徒弟覺得自己的技藝達到爐火純青的地步，足以自立門戶，因此收拾好行囊，準備和大師辭別。

大師得知後問道：「你確定你已經學成了，不需要再學習了嗎？」

徒弟指了指自己的腦袋自豪地說：「我這裡已經裝滿了，再也裝不下了。」、「哦，是嗎？」大師隨即拿出一個大碗放在桌上，命徒弟把這個碗裝滿石頭，直到石頭在碗中堆出一座小山，大師問徒弟：「你覺得這個碗裝滿了嗎？」、「滿了。」徒弟很快地回答。

大師於是從屋外抓起一把沙子，撒入石頭的縫隙裡，然後再問一次：「那麼現在呢，滿了嗎？」

徒弟考慮了一會兒，恭恭敬敬地回答道：「滿了。」

大師再取了案頭上的香灰，倒入那看似再也裝不下的碗中，看了看徒弟，然後輕聲問：「你覺得它真的滿了嗎？」

「真的滿了。」徒弟回答道。

大師沒有再多說什麼，只拿起了桌上的茶壺，慢慢地把茶水倒入碗中，而水竟然一滴也沒有溢位來。

徒弟看到這裡，總算明白了師父的良苦用心，趕快跪地認錯，誠心誠意地請求大師再次收自己為徒。

大師想要告訴徒弟的只有一個道理，那就是永無止境。著名的數學家華羅庚說過：「人，活到老，學到老。」是的，人生在不斷探索中得到昇華，從而才會有輝煌出現，像文壇的幾位巨匠，冰心、巴金、金庸……他們都深知這個道理，而且始終如一地貫徹下去，因此才會有如此大的成就。我們熟知的金庸先生更是在八十歲高齡之際提筆修改了《射鵰英雄傳》，使這部經典名作再次受到眾人矚目。

波蘭著名鋼琴家魯賓斯坦（Artur Rubinstein）三歲學琴，四歲登臺演奏，直到九十五歲從未間斷過對藝術的追求。因為他深知學無止境，藝術無止境。不間斷的創作會使心靈得到淨化，從而也增加其本身的魅力。

義大利藝術大師達文西（Leonardo da Vinci）說：「微小的知識使人驕傲，豐富的知識則使人謙虛，所以空心的禾穗總是高傲地舉頭向天，而充實的禾穗則低頭向著大地，向著它們的母親。」

學習是光明，無知是黑暗。試想，誰願意長久地面對黑暗不見天日？沒有。那麼，只有天天做學問，時時不忘知識更新才能走向光明，使人生更亮麗。只有在不斷求知的過程中，我們才會真正得到樂趣。而越是到了高的境界，人越會感到自己的不足。因此，把握你生命的每分每秒，好好彌補這些不足。人外有人，天外有天，巔峰之上，還可以再創巔峰。這一切的前提是學無止境！

不以聰慧警捷為高，而以勤確謙抑為上

人不用功，莫不自以為已知為學，只循而行之是矣。殊不知私欲日生，如地上塵，一日不掃便又有一層。著實用功，便見道無終窮，愈探愈深，必使精白無一毫不徹方可。

人想要實現自己的人生目標，就必須在勤勞奮鬥中創造光明，在勤勞奮發中完成理想。對於一個人的發展與成長而言，天賦、環境、機遇、學識等外部因素固然重要，但更重要的是自身的勤奮與努力。一位哲人曾經說過：「世界上能登上金字塔頂的生物只有兩種：一種是鷹，一種是蝸牛。不管是天資奇佳的鷹，還是資質平庸的蝸牛，能登上塔尖，極目四望，俯視萬里，都離不開兩個字——勤奮。」

沒有自身的勤奮，就算是天資奇佳的雄鷹也只能空振雙翅；有了勤奮的精神，就算是行動遲緩的蝸牛也能雄踞塔頂，觀千山暮雪，渺萬里層雲。成功不但要靠能力和智慧，更要靠每個人自身孜孜不倦地勤奮工作。

宋代大儒朱熹也說過：「業精於勤荒於嬉。」成功的人未必都是完美的人，也未必都很快樂，但他們一定都很專心致志、很勤奮。

「勤敬」是清代帝王的祖訓，雍正帝從政，日日謹慎，戒備怠惰，堅持不懈。用他自己的話說：「唯日孜孜，勤求治理，以為敷政寧人之本。」

雍正帝處理朝政，自早至晚，沒有停息，大體上是白天與臣下接觸，議決和實施政事，晚上批覽奏章，經常至深夜。即使在吃飯和休息的時候，他也「孜孜以勤慎自勉」，不敢貪圖輕鬆安逸。他年年如此，寒暑不斷。經雍正帝親手批閱的奏章，現存的就超過兩萬兩千件，這還不是全部。他自己所寫的諭旨及對大臣奏章的批示，現已選刊者即不下數十萬言，其未刊者尚不知數目。

雍正元年（西元一七二三年）五月初一，雍正帝連續頒發十一道訓諭，對總督、督學、提督、總兵、布政司、按察司、道員、參將、游擊、知府、知縣等各級地方文武官員提出了明確的要求。發一道諭旨，洋洋萬言，若非勤政之君，實難辦到。

雍正帝因早年夏天中暑，遂畏暑。每一年酷熱之際，意欲休息，但一想到前賢的箴言、帝王的責任，便不敢浪費一點時光，進而勉勵自己警戒驕盈，而去努力從事政務。

他曾作〈暮春有感〉七律一首：

虛窗簾卷曙光新，柳絮榆錢又暮春。
聽政每忘花月好，對時唯望雨絲勻。
宵衣旰食非干譽，夕惕朝乾自體仁。
風紀分須雖七度，民風深愧未能淳。

他深感登基以來，民風未淳，自己身為一國之君，責任未盡，因此朝夕戒懼，不敢怠惰。春色美好、花木繁榮，縱使大自然風光再美他也無心欣賞。

雍正帝「唯日孜孜」的精神，以及持之以恆的毅力，在封建帝王中堪稱楷模，即使是一些有作為的帝王也實難與之相比，更不必說那些昏庸荒淫的君主了。清史專家孟森先生曾說，「自古勤政之君，未有及世宗（雍正帝）者，其英明勤奮，實為人所難及」。這一評價，對雍正帝來說當之無愧。

實際上，「業精於勤」、「勤能補拙」對任何人都適用。國畫大師齊白石，年輕時就堅持每日作畫，除身體不適和心情不好的幾日外，無一日不動筆。正是這孜孜不倦的勤奮，最終使他享譽世界畫壇。著名數學家陳景潤，在六平方公尺的住處終日辛勞，奮戰十年，才在數學王國裡為研究哥德巴赫猜想做出了傑出的貢獻。同樣，勤奮也是他的座右銘。

學習是無止境的，就好像地面上的灰塵，一日不掃便又有一層。真正的學習，要著實用功，往深探究，一定要到透澈為止，所以說勤奮是永恆的真理。翻開歷史的畫卷，我們可以看看古今中外的英雄名士、專家學者，他們成功的奧祕之一就是勤奮。除了勤奮，別無他路。在勤奮中度過時間，每個人都將獲得生活的獎賞。

打破文字的局限，追求真正的事實

孔子述《六經》，懼繁文之亂天下，唯簡之而不得，使天下務去其文以求其實，非以文教之也。《春秋》以後，繁文益盛，天下益亂……天下所以不治，只因文盛實衰，人出己見，新奇相高，以眩俗取譽，徒以亂天下之聰明，塗天下之耳目，使天下靡然爭務修飾文詞以求知於世，而不復知有敦本尚實、反樸還淳之行，是皆著述者有以啟之。

王陽明認為，孔子之所以刪減《六經》，是為了避免當時紛繁浮逸的文辭擾亂天下人心，使天下人從此拋棄華麗的文飾、注重文章的實質，而不是用虛逸的文辭來教化天下。《春秋》以後，各種華而不實的文辭日益興盛，天下大亂……天下紛亂的原因，正在於盛行浮華的文風，求實之風卻日漸衰敗。人們標新立異，各抒己見，為了取得功名不惜譁眾取寵，擾亂天下人的思緒，混淆大家的視聽，使得天下人爭著崇尚虛文浮詞，在社會上爭名奪利，忘記敦厚實在、返璞歸真的品性。這些都是那些闡述經典的人所開啟的。

這是王陽明借孔子之口表達自己的觀點，勸誡人們要拋棄虛浮的文辭、追求經典的實質，即不要執著於文字。只有不執著於文字、停止語言化的過程，才能感知真理。

同一個字或詞，常常包含著許多不同的含義，哪怕是再簡單的文字，在不同的場合下都能夠做出不同的解釋；即使是同一段話，不同的人看了或聽了也會有不同的感悟。魯迅先生評《紅樓夢》時這樣寫道：「經學家看到易，道學家看到淫，才子看到纏綿，革命家看到排滿，流言家看到宮闈祕事。」這也就是我們常說的「一千個讀者眼中有一千個哈姆雷特」。所以，我們應該看到文字本身所存在的局限性，如果我們執著於文字，思想就變得局限和僵化，就很難發現到生活的真諦。

文字對於交流來說是必要的，但是文字從來不是事物本身，事實也不是文字。當我們想要向他人表達一定的意思或某個事件時，我們不得不借助某種文字或類似於圖畫、符號等文字形式。當我們使用文字時，文字代替了事實，成了首要的，我們所關注的是文字而不是事實本身。文字、語言塑造了我們的反應，它成了巨大的力量，我們的內心被文字塑造並控制。「民族」、「國家」、「上帝」、「神」、「社會」等詞攜帶著我們對它們所有的聯想包圍了我們，於是我們的心靈變成了文字的奴隸。

文字妨礙了我們對事物或人的真實覺察，妨礙了我們對事物進行自由的觀察。因為文字帶著我們的很多聯想和經驗的形象，這些聯想實際上就是記憶，它們不僅扭曲了視覺上的觀察，也扭曲了心理認知。例如「總經理」和「員工」這兩個詞，它們描述的都是職務，但是「總經理」這個詞帶有強烈的權力、地位和重要性的含義，而「員工」這個詞則會讓人產生不重要、地位卑微和沒有權力的聯想；「總經理」是在某個位置上正襟危坐的形象，而「員工」則是在某個職位上加班加點的形象。因此，文字阻礙我們將二者都作為人來看待。形象就是文字，它們緊隨著我們的快感和欲望。因此，我們整個生活方式都在被文字和與之相關的聯想塑造著。

但文字畢竟是一種符號，用來指示已經發生或正在發生的事情，用來表達或喚起什麼。我們看到文字藉由對我們的思維產生影響，使得我們的生活產生了局限和界限。只有將頭腦從文字和語言的意義中解脫出來，拋棄虛浮的文辭、追求經典的實質，不帶聯想地觀察世界，我們才能真正地認識自己、認識世界，也才能真正「致良知」——學習到心靈成長的智慧。

知識不等於智慧

後世不知作聖之本是純乎天理，卻專去知識才能上求聖人，以為聖人無所不知，無所不能，我須是將聖人許多知識才能逐一理會始得。故不務去天理上著工夫，徒弊精竭力，從冊子上鑽研、名物上考索、形跡上比擬。知識愈廣而人欲愈滋，才力愈多而天理愈蔽。正如見人有萬鎰精金，不務鍛鍊成色，求無愧於彼之精純，而乃妄希分兩，務同彼之萬鎰，錫、鉛、銅、鐵雜然而投，分兩愈增而成色愈下，既其梢末，無復有金矣。

王陽明認為，大多數人難以成為聖人，主要是因為他們只注重在知識、才能上努力學習做聖人，認為聖人是無所不知、無所不能的，自己只需要把聖人的知識才能全部學會就行了，哪裡知道做聖人的根本在於讓心合乎天理。他們不從天理上下功夫，而是費盡精力鑽研書本、考尋名物、推理形跡。這樣，知識越淵博的人私欲越是滋長；才能越高，天理反而越被遮蔽。這就像看見別人擁有萬鎰的純金，自己只妄想在分量上趕超別人，把錫、鉛、銅、鐵等雜質都摻進金子裡去，卻不肯冶煉自己的成色。雖然增加了分量，成色卻更加低下，到最後有的就不是真金了。由此得出一個結論：掌握知識並不等於擁有智慧，而沒有智慧，是成不了聖人的，也難以擺脫內心的煩惱和痛苦。

國學大師馮友蘭先生曾說：「就一個人的學問和修養來說，他必須是一個理論結合實際的人，如果僅讀了一些經典著作，掌握了一些文獻數據，懂得一些概念或範疇，而不能夠解決實際問題，這種人不是我們所需要的，這種人也不是生活所需要的。」

哲學家、數學家坐船渡河。數學家問正在用力划槳的船伕：「你懂數學嗎？」船伕搖搖頭，數學家不無遺憾地說：「那你就失去了三分之一的生命。」

過了一會兒，哲學家問：「那你懂哲學嗎？」、「不懂。」船伕還是搖搖頭。哲學家感慨地說：「那你只剩下一半生命了。」

這時，一陣狂風吹來，打翻了小船。哲學家、數學家和船伕都落到水裡，精通水性的船伕問哲學家和數學家：「你們會游泳嗎？」

兩人大叫：「不，不會！」

船伕深深嘆息道：「那麼，你們將失去全部的生命！」

哲學家和數學家都是人們所認為的具有很多知識的學者，但是在面臨生活中的突發狀況時，他們的知識並不能幫助他們保全性命，或者說無法幫助他們解決迫在眉睫的問題。我們也許是知識豐富的哲學家，但是我們並不一定是具有創造力的哲學家，並不一定能接受新事物，不能對新鮮、新奇的事物做出敏銳、及時的反應。但是智慧不同，智慧的力量是無限的，真正的智慧能幫助我們面對生活的各種難題。所以說，一個有知識的人並不一定擁有智慧。

生活中，我們常常累積了很多知識，但是要按照學到的知識去明智地行動，則是很難的。學校傳授人們各種知識和技能，但是很少能幫助人們在日常生活中做一個優秀的人。一個在講臺上或實驗室裡誇誇其談的專家，並不一定懂得如何處理生活問題。經過一些學者的研究，有人認為人類只有透過累積大量知識和才能進化。但事實卻完全相反，人類經歷了無數次戰爭，累積了大量如何殺人及破壞的知識，戰爭的武器越來越先進，越來越高階，正是那些知識在不斷擴大各個地方的戰場，阻止我們結束所有的戰爭；同樣，有關環保的知識也沒能阻止我們殺害動物、掠奪資源、破壞地球。這些事實都一再地提醒我們：掌握知識並不等於擁有智慧。只要我們將知識運用到實踐中去，知識就可以轉變為智慧，解決我們生活中的問題，這也是王陽明所推崇的「致良知」之道。

德比才更重要

世之君子唯務致其良知，則自能公是非，同好惡，視人猶己，視國猶家，而以天地萬物為一體，求天下無治，不可得矣。

王陽明認為，世上的君子只有專心於修養自身品德，那麼自然能夠公正地辨別是非好惡，像對待自己那樣對待他人，將國事等同家事一樣關心，把天地萬物看作一個整體，從而求得天下的大治。因此，「致良知」不僅是為學之道，更是育人之道，且重在育人之德。「道德」或「良知」等精神品格蘊含於經典之中，對人的自身修養有著很高的陶冶價值。

王陽明所提倡的「尊德性」的道德教育，要求將知識融入人生的道德信仰之中，而不是讓知識吞噬人生的道德信仰。正如他所說：「夫目可得見，耳可得聞，口可得言，心可得思者，皆下學也；目不可得見，耳不可得聞，口不可得言，心不可得思者，上達也。」意思是說，眼睛看得見的、耳朵聽得到的、嘴巴說得出的、心裡想得到的，都是膚淺的學問；那些眼睛看不見的、耳朵聽不到的、嘴巴說不出的、心裡想不到的，才是深奧的學問，也正是「致良知」的真諦。

自古以來的儒家聖賢們都十分看重人的品德，認為品德比才能更重要，認為高尚的品德是獲得成功的必備條件。孔子在《論語》中說道：「如有周公之才之美，使驕且吝，其餘不足觀也已。」孔子認為，即使有周公那樣的才能和那樣美好的資質，只要驕傲吝嗇，其他的也都不值一提了。如果一個人才高八斗而品德不好，那麼聖人連看也不會看他一眼。只有德才兼備，以德育才，才是真正的人才。當德與才不可兼得時，當舍才而取德，正如孟子的「捨生而取義者也」。

對此，近代學者胡適先生曾解釋說：「孔子的人生哲學注重養成高尚的道德，教育學生以培養自身的道德修養為基礎。」在孔子看來，有高尚道德的人是有仁愛之心的人，也是能博濟眾施之人，是能為他人著想的人。所以孔子說「驥不稱其力，稱其德也」，也就是說，對於千里馬，不稱讚它的力氣，要稱讚它的品。尚德不尚力，重視品德超過重視才能，這是儒家的人才思想，也逐漸成為當今社會選拔人才的重要尺規。

唐朝汝州有個叫夏子勝的人，十年寒窗苦讀，一朝高中，被皇帝任命為南縣縣令。這日夏子勝攜一家僕赴任，來到縣衙，大小縣吏已在門口等候多時，見新縣令到來，急忙迎上去。夏縣令問他們去年南縣老百姓生活如何，糧食是否豐收，商賈是否安分經商，官糧是否收齊，賦稅是否完成，然後叫來師爺將縣吏們所說記錄在冊，逐一核對帳簿。幾天後，師爺對夏縣令說，一切都如縣吏所言，去年南縣一切安好。聽完彙報，夏子勝點點頭。

在南縣縣吏們的眼裡，這個新來的縣令與以往的官老爺大有不同，除了處理訴訟官司時會開口說話外，平時聽不到他說一句話。不過，話雖然很少，但是做的事情卻極為合乎規範，往來公文，刑罰辦差，無論是上司還是下面的老百姓，都稱讚夏縣令做事穩當，是個好官。

這些縣吏十分好奇，這個不愛說話的老爺到底是怎樣一個人。一天，有個膽大的縣吏將這一疑問向夏子勝提了出來，夏子勝聽後，呵呵一笑，說道：「聖人行道，心正而行端。做官做民都是一個道理，為官之道在於教民養民，為人之道貴在德行。明白了這其中的道理，做起事情來就不會有所偏頗，如此，又何必說那麼多話呢？」

我們可以將這位南縣縣令的話理解為對「執事敬」的最好注解。事實上，一如這位縣令說的那樣，行聖人之道又何必多言，「行」首在「知」，這是心靈淨化、涵養提升的必然結果。由此，對人忠信而不詭詐，與人交往而不奸猾，堂堂正正做人，端端正正做事。與此相對，再多的話都不過是水中倒影，沒有實際意義。

在現實生活中，我們會遇到這樣兩種品性不好的人。一種是不好、能力也不強的人，這種人因其能力有限，對他人和社會造成的危害不會太大；另一種則是品敗壞但才思敏捷、能力出眾的人，這種人更容易尋捷徑上位，一旦得勢，將會對反對他的人或社會集團造成巨大的危害，甚至可以斷送一個家庭、一個公司甚至一個國家的前途。不可否認，沒有靈魂的頭腦，沒有德行的知識，沒有仁善的聰明，固然是一種強大的力量，但它們只能負面的破壞作用。也許偶爾會給人們一些啟發，或者帶來一些樂趣，卻很難贏得人們的尊敬與發自內心的讚嘆。

反之，品德高尚的人，即便能力有所不及，也會虛心好學，不斷提高自己，透過腳踏實地的努力奮鬥來獲得成功。當然，不能因此走向另一個極端：忽略人的才能，一味強調道德修養。歷史的經驗告訴我們，無論做人還是做事，都要以德為先，就好像王陽明告訴弟子的話：「良知在人心，隨你如何，也不能泯滅。」德行是我們行走人生的前提，而才能是我們創造人生的手段。做到德才兼備，才能獲得真正的成功和幸福。

追求完美是一種偏執

問孟子言「執中無權猶執一」。

先生曰：「中只是天理，只是易，隨時變易，如何執得？須是因時制宜，難預先定一個規矩在。如後世儒者要將道理一一說得無罅漏，立定個格式，此正是執一。」

王陽明認為，追求面面俱到是一種偏執的表現。因為世上沒有完美的人，也就沒有人能做到面面俱到。追求面面俱到，只會讓自己增添失望和痛苦。

一個在美國史丹佛大學（Stanford University）學習的企業家說：「我在史丹佛大學學習最大的收穫就是懂得了人生中不必事事追求完美，也不可能達到事事完美。人的精力畢竟有限，要處理、面對的事情太多了，顧此就要失彼，所以要懂得盡己所能，也要學會欣然並灑脫地放手。」

這個企業家之所以有這樣的感觸，源自老師對他們的一次測驗：一天，教授發了幾疊厚厚的講義，要求學生們在一週內看完，下週測驗。當時，這個企業家在課餘時間都在忙著與客戶洽談合約，根本沒有時間看講義，更不用說把講義看完並深入領會其思想了。可想而知，他的測驗成績有多麼糟糕，但教授並沒有責怪他，而是說：「這些講義本就特別多，即使你竭盡全力也不可能在這麼短的時間內全部看完，更何況你還忙著工作，我只是想藉由這次測驗告訴大家不必追求面面俱到、事事完美，而要學會欣然接受人生並非十全十美。」

「金無足赤，人無完人」，即使是全世界最出色的足球選手，十次傳球也有四次失誤；最棒的股票投資專家，也有出錯的時候。每個人都不是完人，都有可能存在各種過失，誰能保證自己一生不犯錯誤呢？如果你過於追求面面俱到，追求完美，對自己做錯或沒有達到完美標準的事深深地自責，那麼一輩子都不會快樂。

從心理學角度來看，過分追求面面俱到的人常常伴隨著莫大的焦慮、沮喪和壓抑。事情剛開始，他們就擔心失敗，生怕得不夠漂亮，這就妨礙了他們全力以赴地去取得成功。而一旦遭遇失敗，他們就會異常灰心，想盡快從失敗的境遇中逃離。他們大都沒有從失敗中得到任何教訓，而只是想方設法讓自己避免尷尬的場面。

顯然，背負著如此沉重的精神包袱，不用說在事業上謀求成功，在自尊心、家庭問題、人際關係等方面，也不可能取得滿意的效果。

佛陀說，花未全開月未圓，事物一旦完美，便會轉變為殘缺。人生，永遠都是有缺憾的。佛學裡把這個世界叫做「娑婆世界」，翻譯過來就是能容許多缺陷的世界。本來這個世界就是有缺憾的，因此蘇東坡有詞曰：「月有陰晴圓缺，人有悲歡離合，此事古難全。」在一個有缺陷的世界裡追求面面俱到的完美，實在是一種極大的偏執。如果人們能夠坦然接受世界的缺陷，坦然面對自己的失誤與錯誤，並從中吸取經驗，就真正獲得王陽明所說的「良知」——心靈歡欣的智慧。

第八章　做真誠人，行仁愛事

誠心誠意地生活，首先要求我們不欺騙自己，坦然面對自己的內心；其次，要求我們真誠地面對他人，不要偽裝良善來欺騙他人，不要失信於人。如此才能擁有王陽明所說的純明無瑕的良知，才能獲得人生的歡樂。

誠信是立身之本

以賓陽才質之美，行之以忠信，堅其必為聖人之志，勿為時議所搖、近名所動，吾見其德日近而業日廣矣。

在王陽明看來，誠信是一個人的立身之本，一個人存在於社會之中，誠信是其基本的道德依存。如果一個人以忠實誠信為行事準則，堅定做聖人的志向，不被時局動搖，不被名利誘惑，德行修養就會越來越高，事業也會越做越大。

孔子在《論語．為政》中也曾說：「人而無信，不知其可也。大車無輗，小車無軏，其何以行之哉？」意思是說：人不講信用，真不知道怎麼能行！就好比大車上沒有輗，小車上沒有軏，它靠什麼行走呢？一個人失去信義，便無所依託，長此以往，別人對其只會敬而遠之。信口開河、言而無信，只會讓自己失去做人的從容與真摯，同時失去別人的信任。

季札是春秋時吳王壽夢四個兒子中最小的。他雖小卻很有才華，壽夢在世時就想把王位傳給他，但季札避讓不應，壽夢只好仍舊讓長子諸樊繼位。

後來，季札受吳王的委託出使北方。北行時拜訪了徐國國君，徐國國君在接待季札時，看到他佩帶的寶劍讚不絕口，流露出喜愛之情。季札也看出徐國國君的心意，就打算把這寶劍送給他做紀念。但是這把劍是父王賜給他的，是他作為吳國使節的一個信物，他到各諸侯國去時必須帶著它，現在自己的任務還沒完成，怎麼能把它送給別人呢？只能暗下決心，返回時一定把此劍獻上。

後來，他離開徐國，先後到魯國、齊國、鄭國、衛國、晉國等地，返回時又途經徐國，當他想去拜訪徐國國君以實現自己贈劍的願望時，卻得知徐國國君已死。

萬分悲痛的季札來到徐國國君墓前祭奠，祭奠完畢，季札解下身上的佩劍，掛在墳旁的樹木之上。隨從人員說：「徐國國君已死，那寶劍還留下幹什麼呀？」季札說：「當時我內心已答應了他，怎麼能因為徐國國君已死，就違背自己的心願呢？」

一個已經亡故的贈劍對象，一把價值連城的寶劍，詮釋了「誠」的真實含義，相比那些對別人做出了正式承諾而找各種理由不履行諾言的人來講，季札無疑為我們做出了表率。

誠信是一個人安身立命的基本準則，是與人交往的前提，唯有遵守對他人的承諾，他人才會將心交於你，並且團結在你的周圍，給你存世的支撐。倘若你歷來以違背誓言為生活的基本準則，只為小便宜處處失信於人，不僅會失去朋友，還會失去你所得到的一切，令自己孤立無援。

因此，王陽明總是告誡自己的學生：講良知，自然就不能夠容忍不誠實。不誠實一旦存在，心就能夠察覺。而誠實也好比人的名片，無論走到哪裡，都會為其贏得信賴。在成功的道路上，誠信的品格比能力更重要。

也許談到誠實與守信，許多人總會有「老實人容易吃虧」的感覺。的確，在我們的人生旅途中，也許我們會由於誠實而暫時錯過一些東西，但是從長遠來看，這些都算不了什麼。因為我們建立了誠實守信的形象與名聲，從而被人信賴，這是無法用金錢衡量的。有時，憑藉詐欺、奇蹟和暴力，可以獲得一時的成功，但是只有憑藉誠實與守信，我們才能獲得永久的成功。

心誠則靈，懷有一顆真誠心

志道問：「荀子云：『養心莫善於誠。』先儒非之，何也？」

先生曰：「此亦未可便以為非。『誠』字有以工夫說者，誠是心之本體，求復其本體，便是思誠的工夫。明道說『以誠敬存之』，亦是此意。〈大學〉『欲正其心，先誠其意』。」

在王陽明看來，用誠敬的態度生活，就是「致良知」恢復心的本體的表現。「心香一瓣，有誠則靈。」是說看一個人要從心而論。當然這不是說沒必要修行了，不然，打著「心香」的旗號，胡作非為，豈不是戲弄了佛家的寬容與智慧？

早在春秋戰國時期，聖人孔子就感嘆人們「誠心」的日漸趨下，發出「吾不欲觀之矣」的喟嘆。古代的禘禮，是國家的大典、全民的大典，皇帝要齋戒沐浴三天或七天以後，才代表全民出來主祭，而且要精神高度集中，誠心誠意，十分鄭重，等於是一個宗教家的大祈禱，絕對不可馬虎。但隨著當時文化的衰敗，即便在鄭重的禘禮上，人們也不再心誠：禘禮開始以後，主祭者端上一爵獻給神禘的酒以後，就想趕快走了，隆重的祭禮不過是在走形式，應付了事。這樣的情形，怎能不讓孔子感嘆：「我實在不想看下去了。」為什麼不想看？就是認為何必勉強作假，而喪失了這件事的實際精神呢！

現在社會上的許多事情都逐漸走向「形式主義」，無論是宗教儀式還是宣誓，只是舉起手來表示一下，心裡完全沒有肅莊恭敬的誠意，完全是為了做而做，為了結果而做，失去了誠心，也就失去了做事的意義，自然也就享受不到做事的快樂。

在一個禪者看來，所有問題的出現都源自心，而所有問題的解決同樣源自心。

有一天，奕尚禪師起來時，剛好傳來陣陣悠揚的鐘聲，禪師特別專注地聆聽。等鐘聲一停，他忍不住召喚侍者，並詢問：「剛才打鐘的是誰？」

侍者回答：「是一個新來參學的和尚。」

於是，奕尚禪師就讓侍者把那個和尚叫來，並問：「你今天早上是以什麼樣的心情在打鐘呢？」

和尚不知道禪師為什麼問他，於是說：「沒有什麼特別的心情啊！只為打鐘而打鐘而已。」

奕尚禪師說：「不見得吧？你在打鐘的時候，心裡一定在想著什麼，因為我今天聽到的鐘聲，是非常高貴響亮的聲音，那是真心誠意的人才會打出的聲音啊！」

和尚想了又想，然後說：「禪師，其實我也沒有刻意想著什麼，只是我尚未出家參學之前，一位師父就告訴我，打鐘的時候應該想到鍾就是佛，必須要虔誠、齋戒，敬鍾如敬佛，用一顆禪心去打鐘。」

奕尚禪師聽了非常滿意，再三說：「往後處理事務時，不要忘記持有今天早上打鐘的禪心。」

我們可以想像，那個小和尚在將來一定可以修成正果，原因就在於他虔誠的佛心。

心誠不誠，也許騙得了別人，但終歸騙不了自己。雖然結果的好與壞也存在著許多不確定因素，但總有一些因素是由心導致的。忠誠地對待自己的理想，真誠地對待自己的學業和事業，坦誠地對待自己的親朋好友……好的結果就會出現，忠誠度、真誠度、坦誠度越高，好的結果就會越早出現。

心誠則靈，懷著一顆永不放棄、至死不渝的真誠之心，就會為人帶來永不言敗、鍥而不捨的精神意念，好的結果自然水到渠成。很多成功的人，正是因為有了一顆虔誠的心，才做出了偉大的事業。因此，無論外界如何喧囂，我們都要固守一顆虔誠的心。虔誠的心是對正念的把握，是對信念的秉持。纖塵不染，雜念俱無，集念於一處，力量就是最大的。

不做作，待人待己皆真誠

蓋良知只是一個天理自然明覺發見處，只是一個真誠惻怛，便是他本體。故致此良知之真誠惻怛以事親便是孝，致此良知之真誠惻怛以從兄便是弟，致此良知之真誠惻怛以事君便是忠，只是一個真知，一個真誠惻怛。

王陽明認為，良知只是一個天理，良知的自然明白呈現就是真誠惻隱，這是它的本體。用致良知的真誠惻隱去侍奉父母就是孝，敬從兄長就是悌，輔佐君主就是忠。這一切都只是一個良知，一個真誠惻隱。這段話的核心意思是：真誠地面對自己、面對他人。

著名翻譯家傅雷說過：「一個人只要真誠，總能打動人，即使人家一時不了解，日後也會了解的。我一生做事，總是第一坦白，第二坦白，第三還是坦白，繞圈子，躲躲閃閃，反易叫人疑心。你耍手段，倒不如光明正大，實話實說。只要態度誠懇、謙卑恭敬，人家是不會對你怎麼樣的。」

所謂「精誠所至，金石為開」。假如我們沒有誠意，就會什麼事情也做不好、做不成。王陽明認為「唯天下之至誠，然後能立天下之大本」。在他看來，「誠」是一個非常重要的字。在談到格物致知和誠意時，王陽明說「若以誠意為主，去用格物致知的功夫，即功夫始有下落，即為善去惡無非是誠意的事」，即必須要先有誠意，然後才能在事物上格致，否則就會無從下手。所以，在做任何事情時，都要講究「誠」，而這個「誠」應是發自內心的真誠、坦白。

孔子說，一個人講一些虛妄的、好聽的話，臉上表現出好看的、討人喜歡的面孔，看起來對人很恭敬的樣子，但不是真心的。用我們老百姓的話更直白：嘴上一套，背地裡是另一套，這樣的人就叫「兩面三刀」；還有明明對人有怨恨，可是不把怨恨表現出來，暗暗放在心裡，還和有怨恨的人故意套近乎，這種人的行徑是不對的，用心是險惡的。

大多數人通常是把心情寫在臉上，哪裡有那麼多精力用在陰謀詭計上，這樣活著未免太累了。

貞觀初年，有人上書請求清除邪佞的臣子。唐太宗問他說：「我所任用的都是賢臣，你知道哪個是邪佞的臣子嗎？」那人回答說：「臣住在民間，不能確知哪個人是佞臣。請陛下假裝發怒，以此實驗群臣，能不懼怕陛下的雷霆大怒，仍然直言進諫的，就是忠誠正直的人；順隨旨意，阿諛奉承的，就是奸邪諂佞的人。」

這個人的辦法看起來非常聰明，但是太宗對上書的人說：「流水的清濁，在於水源。國君是政令的發出者，就好比是水源，臣子百姓就好比是水。國君自身偽詐而要求臣子行為忠直，就好比水源混濁而希望流水清澈一樣，這是不合理的。我常常因魏武帝曹操為人詭詐而鄙視他，如果我也這樣，怎麼能教化百姓？」

於是，太宗對上書勸諫的人說：「我想在天下伸張信義，不想用偽詐的方法破壞社會風氣。你的方法雖然很好，但我不能採用。」

不管對誰，都需誠心誠意地對待，這樣才能夠贏得別人的信任，而不是一些看似聰明的手段來試探對方。因為這樣做一方面有被識破的危險，如果被別人利用，趁機表現，只會讓自己陷入被動、是非顛倒的境地；另一方面，如果自己都失去了誠意，就不可能再要求別人真心實意。

真誠，乃為人的根本。如果你是一個真誠的人，人們就會了解你、相信你，不論在什麼情況下，人們都知道你不會掩飾、不會推託，都知道你說的是實話，都樂於同你接近，因此也就容易獲得好人緣。

以誠待人處事，能夠架起信任的橋梁，消除猜疑、戒備的心，能夠成大事、立大本。

誠意的最高境界是至善

大抵〈中庸〉工夫只是「誠身」，「誠身」之極，便是「至誠」。〈大學〉工夫只是「誠意」，「誠意」之極，便是「至善」。工夫總是一般。

王陽明認為，〈中庸〉大體上講的就是「誠身」，「誠身」的最高境界就是「至誠」；〈大學〉大體上講的就是「誠意」，「誠意」的最高境界就是「至善」。看起來好似不同，其實它們所講的心靈脩養的道理都是一樣的，都是在告誡人們為人要有誠意。誠意包括悲天憫人、誠己信人等發自內心一切善的情懷。

孟子曾說：「存其心，養其性。」意思是保存赤子之心，修養善良之性。我們生來就有一顆赤子之心，不沾俗塵，不染汙土，而仁愛是需要培養出來的性情。為他人奉獻善心，為社會造福祉，他人和社會必定會以善回報你。

古代的藥鋪裡常常掛著這樣一副對聯：「但求世上人無病，何妨架上藥生塵。」這其中就包含著對生命的一種關懷，自己雖然是良醫，卻祈求別人不生病，其中蘊含著至高至善的道德。

世間天地萬物數不勝數，其中最能打動人的莫過於一顆寬厚無私、善良的心。

山東濰縣以前是個多災多難的地方，經常發生水災、旱災。鄭板橋在當地任縣令七年，就有五年發生災情。他剛到任那一年，濰縣發生水災，十室九空，餓殍滿地，其景象慘不忍睹。鄭板橋據實上報，請求朝廷開倉賑災，可朝廷遲遲不准。在危急時刻，鄭板橋毅然開倉放糧，他說：「不能等了，救命要緊。朝廷若有怪罪，就懲辦我一個人好了。」這樣災民很快得救了。

鄭板橋秉承儒家心繫天下蒼生的精神，心念百姓疾苦。他深知「民唯邦本，本固邦寧」的古訓，做任何事，首先想到的都是百姓。他招民工修整水淹後的道路城池，採取以工代賑的辦法救濟災區壯男；同時責令大戶在城鄉施粥救濟老弱飢民，不准商人囤積居奇；他自己帶頭捐出官俸，並刻下「恨不得填滿普天飢債」的圖章。他開倉放糧時有秋後還糧的借條，到秋糧收穫時，災民歉收，他當眾將借條燒掉，勸人們放心，努力生產，來年交足田賦。由於他的這些舉措，無數災民解決了生存之危。

為了老百姓，他得罪了一些富戶，特別是在整頓鹽務時，更是觸動了富商大賈的私利。濰縣瀕臨萊州灣，盛產海鹽。長期以來，官商勾結、欺行霸市、哄抬鹽價、賤進貴賣、缺斤少兩、以次充好。鄭板橋針對這些弊端嚴令禁止，因此，一些富人對他造謠詆謗，匿名上告。西元一七五二年，濰縣又遇大災，鄭板橋申報朝廷賑災，上司怒其多次冒犯，又加上聽信讒言，不但不准，反而罷了他的官，削職為民。

離開濰縣時，百姓傾城相送。鄭板橋為官十餘年，並無私藏，只是僱三頭毛驢，一頭自騎，兩頭分馱圖書行李，由一個差丁引路，淒涼地向老家走去。臨別他為當地人民畫竹題詩：「烏紗擲去不為官，囊囊蕭蕭兩袖寒。寫取一枝清瘦枝，秋風江上作漁竿。」

鄭板橋為官，不以自己晉升為目的，而是心繫百姓，盡全力為民謀福，這種寬厚無私的精神是為官的最高境界。

孔子在《論語．顏淵》中也說過：「聽訟，吾猶人也。必也使無訟乎！」

意思是說，審理訴訟案件，我與別人一樣能做好，但內心總是希望這些事情不再發生啊！孔子希望透過教化來提升人們的修養，減少案件的發生，這是以天下人為念的崇高博大的情懷。

達到誠意的最高境界，要求將福祉惠澤芸芸眾生，人只是這個世界的一部分，花草鳥獸作為世界的一分子，也應受到福祉的惠澤。孔子曾說「子釣而不綱，弋而不射」，意思是說孔子釣魚，但不用繩網捕魚；孔子射鳥，但不射棲宿巢中的鳥。在孔子的眼裡，一草一木皆生命，豈有不愛惜的道理。王陽明對於心外存在可以使人淵博、使人明智的知識這一點並不否認，可是他更加強調，如果在人內心沒有善的動機，即使得到再多，也只是表面現象而已。

確實，在這天地間，即使只是一隻毫不起眼的小螞蟻，也是造物主的恩賜，它的生命與我們人類的生命並沒有本質區別，也應該享有生命的尊嚴。對生命的關懷並非人性的道德完善，也並非居高臨下的施捨，而是發自內心對生命的尊重和深切的關懷。很多時候，我們在關懷其他生命的同時，也是對我們自身的關懷與尊重，這才是對自己、對生活最高的誠意。

將心比心，推己及人

「親民」猶《孟子》「親親仁民」之謂，「親之」即「仁之」也。「百姓不親」，舜使契為司徒，「敬敷五教」，所以親之也。

如果要和他人互相親近、仁愛，人們要能夠將心比心，推己及人。在這點上，王陽明可謂是最佳典範。王陽明的一生中無論是被貶龍場還是官居高位，始終和百姓保持親密的來往，做到將心比心，仁愛百姓。

「仁」是儒家學說中最重要的一個概念。在孔子眼裡，無論是「好仁者」或「惡不仁者」都有一顆仁愛的心，人性本善的另一層意思就是人性本仁。而「己所不欲，勿施於人」也是一種仁愛的表現，如果我們給別人東西，最好想想對方或自己到底想不想要，如果連自己都不想要，那麼最好還是把這個東西拿回去。

每個人在社會上都不是孤立的，周圍有許多與自己共同學習、工作和生活的人，為使學習順利、事業成功、生活幸福，人們都願意建立良好的人際關係，而推己及人則是實現人際關係和睦、融洽的重要途徑。要做到推己及人，首先要做到「己所不欲，勿施於人」，然後再進一步做到「己欲立而立人，己欲達而達人」。就是說，一個有仁德的人，自己想要站得住，同時也要幫助別人站得住，自己想要事事行得通，同時也要幫助別人事事行得通，真正做到己立、立人，己達、達人。

南宋詩人楊萬里的妻子在古稀之年，每到天寒時，天沒亮就早早起來，然後直接走進廚房，熟練地生火、燒水、煮粥。滿滿的一鍋粥要熬上很長時間，楊夫人每次都耐心地等著。清甜的粥香順著熱氣漸漸充滿了廚房，飄到了院子裡。院子的另一邊，僕人們伴著這熟悉的香氣陸陸續續地起床，盥洗完畢後，來到廚房，並接過楊夫人盛好的滿滿一大碗熱粥喝了起來。楊夫人的兒子楊東山看到母親忙碌的身影，甚是心疼。一次，他勸母親說：「天氣這麼冷，您又何苦這麼操勞呢？」楊夫人語重心長地說：「他們雖是僕人，但也是各自父母所牽掛的子女。現在天氣這麼冷，他們還要在我們家裡工作，讓他們喝些熱粥，體內有些熱氣，這樣做起事來才不會傷身體。」一席話說得兒子點頭稱讚。

楊夫人之所以能做到慈悲為懷，就是因為她是一個心地善良、懂得體貼與關懷的人。她會設身處地地體會別人的感受，能夠為別人著想。她的一席話既教育了兒子，也溫暖了僕人們的心。

隨著社會的不斷進步和發展，人們的交往越來越密切，人際關係也越來越複雜。培養推己及人的美德，搞好人際關係就顯得尤為重要。我們要以愛己之心來對待周圍的人，無論做什麼事，都要以自己的感受去體會別人的感受，以自己的處境去想像別人的處境，站在對方的立場上，將心比心，把別人當作自己來對待，設身處地地為他人著想，才能收穫真正的情義。

當然，並不是所有的事都要「己所欲」才施於人，推己及人也要有自己的「道」，即原則。要知道，不是所有於己有益的東西都適用於他人，當然也不是所有對某一個人有益的東西，別人都能接受。在他們不想接受時，絕不能以「這是為他們好」為由，強迫其接受，因為每個人對好的定義不同，都有自由選擇的權利，我們如果侵犯這一權利，不是也掉進「己所不欲，勿施於人」的陷阱了嗎？

少一些批評，多一些讚美

先生曰：「大凡朋友，須箴規指摘處少，誘掖將勸意多，方是。」

王陽明認為，大凡朋友們相處，應該少一些規勸指摘、多一些獎勵鼓舞，這樣才對。不只要對朋友如此，在人際交往中也應少一些批評，多一些鼓勵，才能維持良好的人際關係。

很多人喜歡批評別人：考慮事情不全面、能力不夠……批評是誰都會做的事情，很簡單，但對於那些被批評者而言，就是無盡的痛苦了。輕者變得不自信，嚴重的甚至自暴自棄，最後毀了一生。

相比批評帶給人的負面影響，顯然，讚美更容易讓人接受，這也是人際交往中最有影響力的一個辦法。

有一戶人家剛搬到一個新住處，由於人地生疏，鄰居的關係總是搞不好，常常發生口角。這家人常為這件事情傷腦筋，於是去請教智者，智者說了三個字：「說好話。」

這家的女主人很聰明，她決定按照智者的話去做。此後，她一見到鄰居老太太就誇她精神好、氣色好；遇到鄰居買菜就誇她籃子裡的菜既新鮮又便宜；碰到鄰居送兒子上學就誇鄰居的兒子既聰明又懂事；要是有人到她家開的雜貨店買東西，見到年長的就叫大姐、大哥，見到年紀相仿的就叫帥哥、美女，而那些小孩子，她則冠以「可愛的妹妹」、「帥氣的弟弟」等稱謂。結果沒過多久，這家人在鎮上就有人緣了，生意也蒸蒸日上。

世界上，有誰不喜歡被別人讚美呢？可以說喜歡被人讚美是人的天性。而且，從社會心理學角度來說，讚美是一種有效的交往技巧，能縮短人與人之間的心理距離。

甲、乙兩人在一家公司任職。一次，兩人有了心結。一天，甲對另一同事丙說：「你去告訴她，我快受不了她了，請她改一改她的壞脾氣，否則我再也不會理她。」丙說：「好，我會處理這件事。」丙果真去找了乙。之後，當甲遇到乙的時候，果然覺得她不再那麼盛氣凌人了，而且還跟甲友好地打招呼。在以後的日子裡，乙變得和氣又有禮貌，與從前相比，簡直判若兩人。甲就向丙表示謝意，並且好奇地問：「你是怎麼說服她的？」丙笑著說：「我只是跟她說，有好多人都稱讚她，尤其是你，說她又溫柔又善良，不光人長得漂亮，脾氣也好，人緣也好！如此而已。」

批評和指責別人，只能帶來更多的怨懟和不滿，非但不能解決問題，還很容易使人與人之間的關係惡化。相反，如果採用讚美的方法，解決問題就容易得多。法國名人拉羅希福可曾說：「理智、美麗和勇敢的讚揚提高了人們，完善了人們。」所以，在人際交往中，我們不妨嘗試著讚美別人，努力挖掘他人的閃光點，這也是王陽明所推崇的仁愛精神。

養一身浩然正氣

是集義所生者，非義襲而取之也。

孟子說養氣修心之道，雖愛好其事，但一曝十寒，不能專一修養，只能算是知道有此一善而已；必須在自己的身心上有效驗；進而由「充實之謂美」直到「聖而不可知之謂神」，才算是「吾善養吾浩然之氣」的成功。

何為浩然正氣？一謂至大至剛的昂揚正氣；二謂以天下為己任、擔當道義、無所畏懼的勇氣；三謂君子挺立於天地之間無所偏私的光明磊落之氣。浩然正氣就是由這昂揚正氣、大無畏的勇氣及光明磊落之氣所構成。有些人表面上很魁偉，但與之相處久了就覺得他猥瑣不堪；有些人毫不起眼，默默無聞，卻能讓人在他的平淡中領略到山高海深的浩然正氣。正是因為後者具有正直如山的品格，才能讓人感受到他的一身正氣。

古今之成大事者，心中都有大氣象。正是「笑覽風雲動，睥睨大國輕」、「俯仰天地之氣概」、「力拔山兮氣蓋世」，乃浩然正氣也。

項羽和劉邦在不同的時間和地點看見秦始皇頭頂華蓋，隊伍浩浩蕩蕩，男女隨從無數。劉邦長嘆：「大丈夫當如是。」而項羽則頓生豪氣：「吾當取而代之！」由此可見項羽的霸氣。

項羽一生多征戰，先是破釜沉舟，擊破鉅鹿三秦（章邯、董翳、司馬欣），後又刺殺懷王，逼走劉邦，自立為「西楚霸王」，然後大封諸侯。楚霸王四年，劉邦與項羽以鴻溝為界，東歸楚，西歸漢。

同年，項羽返彭城時遭韓信追殺至垓下，韓信以「四面楚歌」之計包圍楚兵。項羽高唱「力拔山兮氣蓋世，時不利兮騅不逝。騅不逝兮可奈何，虞兮虞兮奈若何」，歌畢自刎於烏江邊。

項羽不是笑到最後的那個人，但是雖敗猶榮。這首〈垓下歌〉氣壯山河，勢吞萬里，體現了項羽的卓絕超群，氣蓋一世。面對四面楚歌的慘敗結局，一種英雄末路的感慨油然而生，讓人備感蒼涼。面對敵軍的包圍，「不肯過江東」的項羽窮途末路，面對虞姬也只能是「奈若何」。項羽的選擇豪氣逼人，展現了一方霸王的浩然正氣。

與項羽的「英雄本色」有所不同的，是諸葛亮等文人志士的「名士風流」。三國時期的諸葛亮，羽扇綸巾，貌似輕鬆淡定、瀟灑自如，實則神機妙算、運籌帷幄。西晉開國元勛羊祜，平日一副瀟灑打扮，飄逸十足，甚至在打仗的時候，仍不失其雍雅的風度。魏晉名士大多曠達風流，放任自流，毫不矯揉造作，痛快淋漓。

不管是英雄本色，還是名士風流，都具備孟子所說的「浩然正氣」。「其為氣也，至大至剛，以直養而無害，則塞於天地之間。其為氣也，配義與道；無是，餒也。是集義所生者，非義襲而取之也。」有志之士當養浩然正氣在為人處世中光明磊落、至情至性。

養浩然正氣並非易事。《孟子》中有言：是集義所生者，非義襲而取之也。在孟子看來，浩然正氣是正義的念頭日積月累所產生的，不是一時的正義行為就能得到的。關於「集義」，王陽明認為做每一件事都應符合良知的要求，這樣才能使心中的浩然之氣壯大起來，再遇到其他事情就更能以良知為指導，從而達到「從心所欲不踰矩」的中庸境界。由此看來，要養浩然正氣，就要做正直之人，誠實地對待生活中的每一件小事，日積月累，不斷壯大。

浩然正氣是人的精神「脊梁」，是抵禦歪風邪氣的「屏障」。正氣長存，則邪氣卻步、陰霾不侵；正氣長存，則清風浩蕩，乾坤朗朗。要保持浩然正氣，就必須「一日三省吾身」，做到自重、自省、自警、自勵，時時處處以激濁揚清、弘揚正氣為己任，使正氣日盛，邪氣漸消，引領整個社會不斷走向正義和文明，此乃君子之道也。

第九章　用「心」體會人生之美

游於藝包含著一種悠然自得的從容心態，可以縱情於山水，在人間詩意地棲息；

可以揮筆潑墨，在書法之中品悟心靈的智慧；

可以飽讀兵書，從詭譎的戰場中悟透人生成敗的智慧；

可以平心靜氣地創作音樂，享受美妙旋律帶來的心靈觸動。總之，如果能夠享受藝術帶來的美和快樂，

你就是獲得了王陽明推崇的游於藝的功夫了。

自然是生命的方式

有根方生，無根便死。

每個人都有天然的生命，每個人的身體形貌都是獨立的，各有獨自的精神。「人之貌有與也」，這句話告訴我們一個深刻的道理，人的相貌是相對的，外形不能妨礙我們獨立的人格，每個人要有自己生命的價值，人活著要順其自然，不要受任何外界環境的影響。

一切都是最好的安排，自然就是生命的方式。有時候，過於倚重外物與環境讓你充滿煩惱，得不到快樂的往往不是別人，正是你自己。

一個人被煩惱纏身，於是四處尋找解脫煩惱的祕訣。有一天，這個人來到一個山腳下，看見在一片綠草叢中有一個牧童騎在牛背上，吹著橫笛，逍遙自在。他走上前去問道：「你看起來很快活，能教我解脫煩惱的方法嗎？」牧童說：「騎在牛背上，笛子一吹，什麼煩惱也沒有了。」他試了試，卻無濟於事。於是，他又開始繼續尋找。

不久，他來到一個山洞裡，看見有一個老人獨坐在洞中，面帶滿足的微笑。他深深鞠了一躬，向老人說明來意。老人問道：「這麼說你是來尋求解脫的？」他說：「是的！懇請不吝賜教。」老人笑著問：「有誰捆住你了嗎？」、「沒有。」、「既然沒有人捆住你，何談解脫呢？」他驀然醒悟。

我們又何嘗不是像這個人一樣四處尋找解脫的途徑？殊不知，並沒有誰捆住你的手腳，真正難以擺脫的是困於心中的那個瓶頸。打破心中的瓶頸，清除掉心中的垃圾，你就可以在屬於自己的天空中自由翱翔。人之所以不快樂，就是因為活得不夠單純。其實，不要去刻意追求什麼，不要向生命索取什麼，不要為了什麼去為自己設定障礙，簡單而自然，本身就是一種幸福。

一個農民從洪水中救起了他的妻子，他的孩子卻被淹死了。事後，人們議論紛紛。有人說他做得對，因為孩子可以再生一個，妻子卻不能死而復活。有人說他做錯了，因為妻子可以另娶一個，孩子卻無法死而復活。

有一個秀才聽說了此事，也感到疑惑不解，他就去問農民。農民告訴他，他救人時什麼也沒去想。洪水襲來，妻子在他身邊，他抓起妻子就往山坡游。待返回時，孩子已被洪水沖走了。

這個農民的處事方式是很睿智的，如果他進行一番抉擇的話，事情的結果會是怎樣呢？洪水襲來，妻子和孩子被捲進漩渦，片刻之間就會失去性命。

隨著年齡、閱歷的增長，人心會越來越複雜。其實生活通常都很簡單，只是人們用自己的心讓它變得撲朔迷離。保持自然的生活方式，不因外在的影響而痛苦抉擇，便會懂得生命簡單的快樂。人生中，許多時候，我們並沒有機會和時間進行抉擇，你只需遵循生命自然的方式，隨性生活便好。王陽明曾提出過一個「俟命」的生死態度，「俟命」就是任命。但在王陽明看來所謂的任命和隨性，並不是隨便，而是順其自然，不躁進、不過度、不強求；是把握機緣，不悲觀、不慌亂、不忘形。

既然上天賜予了人們這樣的形體和生命，也賜予了人們自由生活的權利，不要忘記，自然永遠比人更包容，不能包容人的，是人自己。

用心感受大自然的美

會稽素號山水之區。深林長谷，信步皆是；寒暑晦明，無時不宜；安居飽食，塵囂無擾；良朋四集，道義日新；優哉游哉，天地之間寧復有樂於是者！

王陽明晚年在會稽（南宋以後會稽名紹興）講學時曾經對弟子們說過：「會稽處於有山有水的地方，茂密的樹林、幽長的山谷，比比皆是；春夏秋冬，氣候適宜；安靜而遠離塵俗，好友們從四方雲集於此，對於道義日日都有新的見解。真是逍遙自在，天地間哪還會有這樣的快樂！」在王陽明看來，在一個青山碧水、風景如畫的環境裡，與朋友進行學術、思想上的交流，是多麼詩意、快樂的生活。

哲學大師海德格（Martin Heidegger）認為，人應該詩意地棲。詩意地棲就是保有一顆淨潔的詩心，讓心靈衝破現實的束縛，遨遊在一個無限的意義世界。而要想詩意地棲息於人間，就要懂得欣賞自然中的山水之美。

一個夏天的下午，桑尼夫人與她的朋友到森林遊玩，到達之後，就暫時在優美的墨享客湖山上的小房子中休息。這裡位於海拔兩千五百公尺的山腰上，是美國最美的自然公園。

在公園的中央還有一片寶石般的翠湖舒展於森林之中。墨享客湖就是「天空中的翠湖」之意，在幾萬年前地殼大變動時，形成了高高的斷崖。

她朋友的眼光穿過森林及雄壯的崖岬，輕移到丘陵之間的山石，剎那間光耀閃爍、千古不移的大峽谷照亮了她的心靈，這些美麗的森林與溝溪就成為滾滾紅塵的避難所。

那天下午，夏日混合著驟雨與陽光，乍晴乍雨，她和她的朋友全身溼淋淋的，衣服貼著身體，心裡開始有些不快，但是她和她的朋友仍彼此交談著。慢慢地，整個心靈被雨水洗淨，冰冰涼涼的雨水輕吻著臉頰，霎時引起從未有過的新鮮快感，而亮麗的陽光也逐漸將衣服晒乾，話語飛舞於樹與樹之間，談著談著，靜默來到她和她的朋友之間。

她們用心傾聽著四方的寧靜。當然，森林絕對不是安靜的，在那裡有千千萬萬的生物活動著，而大自然張開慈愛的雙手孕育生命，但是它的運作聲卻是如此和諧平靜，永遠聽不到刺耳的喧囂。

在這個美麗的下午，大自然用慈母般的雙手熨平她們心靈上的焦慮、緊張，一切都歸於和平。

當她們正陶醉於優美的大自然樂章之中時，一陣急促的樂曲突然刺激著耳膜，那是令人神經繃緊的爵士樂曲。伴隨著音樂，有三個年輕人從樹叢中鑽出，原來是其中一個年輕男子提著一架收音機。

這些都市中長大的年輕人不經意地用噪音汙染了森林，真是大煞風景！不過，他們都是善良的青年，並在她和她的朋友身旁圍坐著，快樂地交談。

她們本想勸三個年輕人關掉那些垃圾音樂，靜靜聆聽大自然的樂曲，但是想到並沒有規勸他們的權力，最後還是任由他們，直到他們離去，消失在森林之中為止。大自然的音樂多美！風兒輕唱著，小鳥甜美地鳴啼……這種從盤古開天以來最古老的音樂絕非人類用吉他與狂吼能製造出來的旋律，而他們竟然白白浪費大好的自然資源，委實令人惋惜。

人的心不安靜，就不懂欣賞大自然的美。一顆喪失了美的心靈，哪裡還有詩意可言呢?法國著名詩人波特萊爾（Charles Baudelaire）曾說：「只要人們願意深入自己的內心，詢問自己的靈魂，再現那些激起熱情的回憶，就會知道，詩除了自身之外沒有其他目的，它不可能有其他目的，唯有那種單純是為了寫詩的快樂而寫出來的詩才會這樣偉大、這樣高貴，這樣真正的無愧於詩這個名稱。」

王陽明正是因為懂得這一點，才能夠坦然面對人生的得意與失意，獲得自由自在的人生。在王陽明第一次科舉考試失利後，他就曾利用詩歌來撫慰內心的失落和痛苦。他在家鄉餘姚組建了一個龍泉山詩社，詩社成員人數不多，沒有名噪一時的文人，大家聚在一起，無非就是下棋飲酒，遊山玩水。

在創辦詩社的這段時期，王陽明以詩言志，抒發苦悶，佳句迭出。如：「我愛龍泉山，山僧頗疏野。盡日坐井欄，有時臥松下。」在龍泉山清秀的環境中，王陽明度過了他人生中最為愜意悠閒的一段時光。可以說，在龍泉山詩社兩年的生活裡，王陽明拋開了紛繁複雜的世俗，為自己創造了思考和反省的機會，為他今後的官場生涯積蓄了力量。

在龍場那樣艱苦的環境中時，王陽明也能一邊種地一邊賦詩為樂：

起草不厭頻，耘禾不厭密。
物理既可玩，化機還默識。

即是參贊功，毋為輕稼穡。

正是帶著詩意的心靈去生活，王陽明才得以在龍場悟道，走出心學的第一步，並最終將心學發揚光大。如果人們像王陽明一樣懂得品味山水之美，也能夠在人間詩意地棲息。

擺脫羈絆，培養空靈的心

虛靈不昧，眾理具而萬事出。心外無理，心外無事。

王陽明認為，讓心空靈而不糊塗，各種道理存於心中，萬事萬物就會呈現出來。這其實是說，在人的本心之外沒有什麼天理，離開了人的本心，也就沒有事物。

佛家常勸誡世人：想要讓心靈充盈歡樂，首先要讓心靈清明空靈，拂拭心上的積塵，不為外物所動，不以物喜，不以己悲，拋卻人生的煩惱和苦痛，方能悟得空空大道，獲知歡樂幸福的人生境界。

無論是王陽明的「空」，還是佛家的「空」，都不是一無所有的虛空，而是包含了極其深刻的意義，即王陽明所說的讓心空靈而不糊塗。一方面，「空」是指萬事萬物都是處在永恆的變化之中，因此，要求我們達到一種無我消除個人私欲的境界；而另一方面，「空」也是「不空」，無論是儒家聖人還是佛學大師都講究點化世人、普度眾生。因此，它是一份救世的事業。由此來看，「空」的意義在於讓我們以無我的精神去從事世間的種種事業。

對於「空」的意義，有人做了更形象的比喻：「空」是「零」，零本身什麼都沒有，但若將零放在一的後面，則成為十；若將零放在十的後面，則成為一百；放在一百的後面，則成為一千……可以無限地增加。由此可知，一個「零」，你說它沒有用，它卻能有大作用。「空」也是如此，「空」好似什麼都沒有，其實，它存在於宇宙世間，並且能包含萬物。

佛陀在靈山會上，出示手中的一顆隨色摩尼珠，問四方天王：「你們說說看，這顆摩尼珠是什麼顏色？」

四方天王看後，各說是青、黃、紅、白等不同的顏色。

佛陀將摩尼珠收回，張開空空的手掌，又問：「那我現在手中的這顆摩尼珠是什麼顏色？」

四方天王異口同聲地說：「世尊，您現在手中一無所有，哪有什麼摩尼珠呢？」

佛陀於是說：「我拿世俗的珠子給你們看，你們都會分辨它的顏色，但真正的寶珠在你們面前，你們卻視而不見，這是多麼顛倒啊！」

佛陀的手中雖然空無一物，但就像蘇軾的詩句所說：「無一物中無盡藏，有花有月有樓臺。」正因為「空無」，所以具有「無限的可能性」。佛陀感嘆世人「顛倒」，因為世人只執著於「有」，而不知道「空」的無窮妙用；總是被外在的、有形的東西所迷惑，而看不見內在的、無形的本性和生活，而那才是最寶貴的明珠。

有人說：「空是佛教的X光。」其實，這句話應該改為「空是人生的X光」，因為宇宙世間的任何一樣東西，都要經過「空」透視，然後才能體認它的本來真相。

空，是從內心深處擺脫周遭的羈絆，進入心無旁鶩的至高境界；是踏上心靈的解脫之路，內心感受到的萬物便會遠遠超過自己視線範圍內的一切。此時的內心，呈現的是一種空無的狀態，也就是王陽明所說的空明之心。空，才能容萬物。運用到生活中，即便是人與人之間的交往，也需要給彼此一定的空間，才能暢所欲言、和平相處。與其用金錢權力、名譽地位將內心滿滿地填充，何不索性全部放下，將心騰空，獲得心靈的自由和解脫呢？因此，普通人若能拋開雜念，使內心純淨空明，那麼，即便才能有高下之分，也同樣可以成為聖人。

隨心而動，隨性生活

庚辰往虔州，再見先生，問：「近來功夫雖若稍知頭腦，然難尋個穩當快樂處。」先生曰：「爾卻去心上尋個天理，此正所謂理障。此間有個訣竅。」曰：「請問如何？」曰：「只是『致知』。」曰：「如何致？」曰：「爾那一點良知，是爾自家底準則。爾意唸著處，他是便知是，非便知非，更瞞他一些不得。爾只不要欺他，實實落落依著他做去，善便存，惡便去。他這裡何等穩當快樂！此便是『格物』的真訣、『致知』的實功。若不靠著這些真機，如何去『格物』？我亦近年體貼出來如此分明，初猶疑只依他恐有不足，精細看，無些小欠闕。」

王陽明在向陳九川解釋「致良知」時說：「你心裡的那一點良知，便是你自己的準則。你的意念所在之處，正確的就知道正確，錯誤的就知道錯誤，對它一絲一毫都隱瞞不得。你只需不去欺騙良知，切切實實地順從良知去做，善便存養，惡便去除，這樣何等穩當快樂！這就是『格物』的真正祕訣、『致知』的實在功夫。如果不憑藉這些真機，如何去『格物』？我也是近幾年才清楚明白地體會到這些，剛開始，我還懷疑，僅憑良知恐怕會有不足，但精細地看，就會發現並沒有什麼缺陷。」

一個人有多大的靈性，在於他的心靈具有多大的靈性。生活中的每一次滄海桑田，每一次悲歡離合，都需要我們用心去體會、感悟。如果我們的心是暖的，那麼眼前出現的一切都是燦爛的陽光、晶瑩的露珠、五彩繽紛的落英和隨風飄散的白雲，一切都變得那麼愜意和甜美，無論生活有多麼清苦和艱辛，都會感受到天堂般的快樂。心若冷了，再熾熱的火也無法給我們帶來一絲的溫暖，我們的眼中也充斥著無邊的黑暗、冰封的雪谷、殘花敗絮的淒涼。

因此，一個人生活在這個世界上，必須懂得珍視、呵護自己的心靈，才能保持個人的真善。

有一位小尼姑去見師父，悲哀地對師父說：「師父！我已經看破紅塵，遁入空門多年。每天在這青山白雲之間，茹素禮佛，暮鼓晨鐘，經讀得多了，心中的執念不但不減，反而增加，怎麼辦呢？」

師父對她說：「點一盞燈，使它不但能照亮你，而且不會留下你的身影，就可以體悟了！」

幾十年之後，有一所尼姑庵遠近馳名，大家都稱之為萬燈庵。因為庵中點了成千上萬的燈，使人走入其間，彷彿步入一片燈海，燦爛輝煌。

這所萬燈庵的住持就是當年的那位小尼姑，她雖然年事已高，並擁有上百個徒弟，但是她仍然不快樂。因為儘管她每做一樁功德事，都點一盞燈，卻無論把燈放在腳邊，懸在頭頂，乃至以一片燈海將自己團團圍住，還是會見到自己的影子。燈愈亮，影子愈顯；燈愈多，影子也愈多。她困惑了，卻已經沒有師父可以問，因為師父早已去世，自己也將不久於人世。

後來，她圓寂了。據說就在圓寂前終於體悟到禪理的機要。

她沒有在萬燈之間找到一生尋求的東西，卻在黑暗的禪房裡悟道。她發覺身外的成就再高，如同燈再亮，卻只能造成身後的影子。唯有一個方法，能使自己皎然澄澈，心無罣礙，那就是點亮一盞心靈之燈。

點亮心燈，人生才能溫暖光明，由心燈發出的光，才不會留下自己的影子。不管身外多麼黑暗，只要你的心是光明的，黑暗就侵蝕不了你的心。不要被別人的言語所誘惑，圍繞著你的心去生活，就能綻放你自己的生命色彩，實現你生命的圓滿和美麗。

「我有明珠一顆，久被塵勞關鎖。今朝塵盡光生，照破山河萬朵。」這是宋代禪僧茶陵郁的一首悟道詩，他說的那顆明珠是什麼呢？其實就是他自己的心靈。正如王陽明認為的那樣：一個人只有點亮自己的心燈，踏踏實實地根據心來行事，才能穩穩當當地享受快樂。

身體忙，心悠閒

天地氣機，元無一息之停。然有個主宰，故不先不後，不急不緩，雖千變萬化而主宰常定，人得此而生。……若無主宰，便只是這氣奔放，如何不忙？

忙碌是現代社會中大多數人的生活狀態。不幸的是，與身體的操勞相伴隨而來的，還有內心的忙亂急躁、焦慮不堪。所謂「身之主宰便是心」，倘若在忙碌的生活中不能為內心留一分悠閒，而使其深受煩惱與擔憂所累，便更難在為人處世之時做到游刃有餘、瀟灑自在。

由此可知，要做到「雖酬酢萬變，常是從容自在」，便要有一顆不忙不亂、不焦不躁的「主宰」之心。具體到人們的日常生活、工作中，就要用心去體悟繁雜中的快樂，學會用一顆平靜的心去享受忙碌的價值。

現實當中有很多人，為了功名利祿而盲目地工作，以此來填充自己的人生。工作帶來的種種壓力，不斷侵蝕著內心的安寧，讓人焦灼，於是漸漸地，人的身心就會陷入一種莫名的慌亂之中，完全理不清頭緒。此時，唯有從內心閒下來、靜下來，才能轉變觀念，學會把工作當作一種快樂的享受，而不僅僅是賺取金錢謀取地位的工具。如此，才不至於將人生變成煉獄。

如道家所言，將自己的心放到天地間，去體悟自我的渺小與天地的廣大。與由人所構成的社會相比，包容天地萬物的大自然，更能令人身心舒暢。自然可以開啟人的心靈，陶冶人的情操。將自己的內心傾向自然，正如「智者樂水，仁者樂山」，仁者從心之根本養成如大山般穩重、堅定不移的。當我們走進自然的懷抱，沐浴春風與陽光，盡覽山河的寬廣與博大，便會明白，那些長期困擾我們的身外之物，皆由一顆遠離自然的心而起。當我們身處自然之中，便能夠親身感受大自然的博大胸襟，感受萬物的和諧共處，從而在大自然的安逸與恬靜中把握心中那份從容與自在。

忙碌的生活雖然令人身心疲憊，但也可以充滿樂趣，成為一門令人身心愉悅的藝術。關鍵在於你是否能夠放慢心的腳步，讓你的心鬆口氣。正如攀登高山，若一心只想著登上頂峰，難免疲憊不堪；但若能靜下心來，欣賞沿途賞心悅目的風光，那將是一種別樣的感受，更是一種忙而不亂的人生。

人的內心既是廣袤的天空，能夠包容世間的一切；也是寧靜的湖面，偶爾也會泛起陣陣漣漪；更是皚皚的雪原，輝映出一個繽紛的世界。縱然世間的紛紛擾擾難以平息，生活中的智者總能在心中留一江春水，淘洗忙碌的身軀；以一顆閒靜淡泊之心，看庭前花開花落，望天上雲捲雲舒。

樂觀的心態有利於身體健康

九川臥病虔州。先生云：「病物亦難格，覺得如何？」對曰：「功夫甚難。」先生曰：「常快活便是功夫。」

在王陽明看來，一個人如果能夠正視自己的疾病，保持平和的心態，不憂慮、不急躁，就不至於因思考過多而加重病情，還可能在一定程度上幫助自己恢復健康。這也可以算作一種「致良知」的功夫。其實，這就是現在的人們常說的心態健康。

現代醫學證明，對於相同的一件事情，如果人的心情不同，對自己的身體健康就會產生截然不同的影響。

從前，有個老太太有兩個女兒：大女兒嫁給了一個裁縫，小女兒的丈夫開傘鋪，都生活得不錯。但自從兩個女兒出嫁後，老太太就病倒了。兩個女兒輪流回家服侍老太太，四處求醫，卻收效甚微。眼睜睜看著老太太日漸消瘦，兩個女兒心如刀割，只得天天去廟裡求菩薩保佑。

一位禪師看兩個女兒如此虔誠向佛，主動上前詢問。了解情況後，禪師就隨同兩個女兒前去家中探望老太太。進了家門，禪師和老太太話家常。漸漸地，老太太就能坐起身來，最後老太太還下床親自做了一頓齋菜，以感謝菩薩和禪師的救命之恩。從此以後，老太太天天有說有笑，身體日漸康復。

面對老太太的變化，兩個女兒十分欣喜，也十分不解。後來，她們又遇到了那位禪師，才知道，並非禪師用高明的法術治好了老太太的病，而是禪師解開了老太太的心結，調整了她的心態。老太太之所以生病，是因為每逢下雨，她就擔憂大女兒家賣不了衣裳；每逢天晴，她又擔憂小女兒賣不出雨傘。禪師不過是讓老太太換一種心態：每逢下雨，她就為小女兒多賣雨傘高興；每逢天晴，她就為大女兒多賣衣裳高興。心情好了，病自然就好得快了。

治好老太太的病，靠的不是藥，也不是禪師的法力，而是心態的轉變。這個故事告訴人們：即使碰到困難的事情，只要心態正面，看到事情好的方面，充滿樂觀的意念，大腦處於這種和諧的狀態，就會分泌出對身體有益的激素；相反，如果心情憂鬱悲觀，整天唉聲嘆氣，處於苦悶怨懟的狀態，大腦受到這種惡性刺激，就會分泌出對身體有害的物質，損害人們的健康。

王陽明深知心態對健康的影響，因而他才能對陳九川說出「常快活便是功夫」的勸導之言。也正是憑藉超強的心態調整能力，王陽明才得以在艱苦的龍場存活下來。正如他在〈瘞旅〉文中所記載的那個故事一樣：

正德四年（西元一〇九年）秋七月初三，有一個從京師來的小官，帶著一個兒子和一個僕人，從龍場路過去上任，陰雨天黑，投宿於一苗民家中。沒想到，第二天中午有人從那條路過來，說這個小官已死在路上。下午，他的兒子又死了，第三天連僕人也死在山坡下。

聽到此訊，王陽明悲傷之餘，命兩名童子去把三具屍體埋了，並感慨地說：「我早知道你肯定會死，因為前兩天我隔著籬笆望見你愁容滿面，一副憂心忡忡的樣子。如果你實在貪戀這五斗米的俸祿，就應該高高興興地去上任，為什麼要這麼不開心呢？

「要知道，在遙遠的路途中，餐風飲露，攀越崖壁，行走於高山野嶺之頂，經常是飢渴勞累，筋骨疲憊不堪，而又有瘴癘之氣時時侵擾著身體，如果這時又有憂鬱哀愁積於內心，內外夾攻，豈有不死之理？

「而我離開故鄉來到這裡，已有兩年了，同樣也經歷了瘴毒之氣的侵害，卻能安然無恙，就是因為我始終保持著豁達愉悅之心，沒有一天是像你這樣悲悲切切、憂鬱哀愁的。」

正因為王陽明在任何時候，都能保持一份愉悅、快樂的心情，因此在被貶謫到龍場那個環境十分惡劣的地方時，跟隨他來的僕人都病倒了，唯獨他無事，這就證明了擁有好心情的重要性。

由此可見，如果人們在任何情況下都保持樂觀開朗的心態，就能促使身心處於平衡，從而保持健康的體魄和年輕的精神。正如現代醫學證實的那樣，當一個人用心想像快樂狀態的時候，大腦就會不斷分泌出大量對身體有益的物質，使人處於最佳狀態。

只要我們放鬆身心，努力保持舒暢的心情及快樂的體驗，就會促使大腦處於最佳狀態，使身心保持健康。

書法之中悟心法

吾始學書，對模古帖，止得字形。後舉筆不輕落紙，凝思靜慮，擬形於心，久之始通其法。既後讀明道先生書曰：「吾作字甚敬，非是要字好，只此是學。」既非要字好，又何學也？乃知古人隨時隨事只在心上學，此心精明，字好亦在其中矣。

王陽明教導自己的弟子們說：「我開始學書法時，只是對著古帖臨摹練習，這樣練來練去，只學得個字形相像，內在的神意卻毫無所得。後來我改變了學習方法，舉筆不再輕易落紙，而是凝神靜慮，先在心中想像要寫之字的形態氣勢，這樣練習久了之後才開始通達書法之道。後來讀到明道先生(即程顥)寫道：『我寫字的時候很恭敬，並不是要字寫得好，這個恭敬的態度就是學習。』既不是要字好，又為什麼要去學呢？藉由自己學習書法的例子，於是我知道古人不論什麼事情，隨時都在心上學習，等到心精明透澈了，字自然也就寫得好了。」

人們常評價書法是「窮變態於毫端，合情調於紙上」，現代著名美學家宗白華在〈中國書法裡的美學思想〉一文中，對書法的表現特徵做了精要的概括：「所以中國人的這支筆，開始於一畫，界破了虛空，留下了筆跡，既流出人心之美，也流出永珍之美。」可以說，書法是心靈的律動、感情的流淌和釋放。書法能使人靜，更讓人思考，確實是修身養性、培養情操、延年益壽的良藥。書法之所以能帶給人們無盡的美感，根源在於它是一門修身養性的學問，也就是王陽明所說的「致良知」之學。

因此，我們也就不難理解「此心精明，字好亦在其中矣」背後的深意：無論學習什麼事情，人們都要讓心真正地靜下來，讓所要學習的事物在心中形成一個明確生動的心理影像，越生動逼真越好，這樣自然就能達到令人滿意的效果。

許多時候，經驗告訴我們：做一件事或學習一樣東西，反覆地去做、去練習，重複的次數多了，就能獲得成功。然而，使我們最後獲得成功的，僅僅是重複的次數夠多這麼簡單嗎?當然不是，如果你沒有用心去練習，重複得再多也不會幫助你獲得成功。正如著名心理學家馬爾茲(Maxwell Maltz)所說的那樣：「學習某種技巧，並不是做的次數越多就越容易獲得成功，而關鍵在於你的大腦神經能否記住那種成功的經驗。」

在紀錄片《C羅挑戰極限》中，曾經有一個黑暗中踢球的測驗：先由一位足球運動員示範動作——接過他人傳來的足球，在接到足球的一剎那燈被關閉，球員將依靠自己的直覺將球踢進球門。無論是在接到足球的一剎那關燈，還是接到足球前的某一剎那關燈，著名足球運動員C羅都能利用身體（足、肩）將球順利送入球門。研究人員對此的解釋是：這是因為C羅在觀看示範球員動作時在心裡對動作進行了大量的模擬和練習，對球速、距離等有準確的計算，因此才能在實戰中找到位置將球踢進球門。如果C羅只是單純地模仿他人的動作，就不會有這樣的結果。

善於在心裡反覆進行練習踢球入門的全過程，想像著可能出現的各種複雜情況，在腦子裡有條不紊地及時判斷處理種種細節，這或許就是C羅成為世界級超級足球運動員的根本原因。

就像深諳繪畫之道的畫家在作畫時，心凝氣靜，萬慮皆空，意隨心轉，筆隨意動。在常人看來只是寥寥數筆，這一點，那一畫，一幅栩栩如生的翠竹圖便出現在眼前。在旁人看來很難的事，在畫家看來卻極為簡單，只因他只是把早已進入他心裡的竹子形象用筆勾畫出來而已，這就是所謂的「胸有成竹」。如果人們做任何事情都能先在心中反覆練習，做到「胸有成竹」，就能達到王陽明所推崇的「致良知」的境界。

用中正平和的心態品味音樂之美

曰：「心如何求？」

先生曰：「古人為治，先養得人心和平，然後作樂。比如在此歌詩，你的心氣和平，聽者自然悅懌興起。只此便是元聲之始。《書》云『詩言志』，志便是樂的本。『歌永言』，歌便是作樂的本。『聲依永，律和聲』，律只要和聲，和聲便是制律的本。何嘗求之於外？」

在王陽明看來，舜作韶樂九章，孫武作九變，都是在具備了中正平和的心境的基礎上製作的，因而具有較強的民風教化的作用，對人們的身心健康十分有益。而後世製作音樂，卻多是作一些俗詞濫調，與民風教化一點關係都沒有，甚至還可能損害人們的身心健康。因此，王陽明才苦口婆心地勸誡人們：現在要想使民風返璞歸真，人們就要將音樂中的淫詞濫調都刪去，只保留忠臣孝子的故事，使百姓人人都能明白道理，在潛移默化中激發他們的良知，長此以往，真正的音樂就能夠恢復了。也就是說，如果人們能夠保持心體的中正平和，就能夠製作出美妙的音樂，也能夠品味音樂的美妙了。

由此可知，並非所有的音樂都是真正的音樂，真正的音樂能把人們日常生活中的沉重壓力釋放出來，讓人們獲得精神上的舒緩、休息和平和，並在音樂的美妙旋律中觸到自己的良知，重拾生活的信心。不能發揮這種功用的，就不是真正的音樂，而是噪音。

今時今日，音樂充斥著每一個角落，走出家門，大街上、商店裡、汽車內都迴盪著各種旋律；回到家裡，電視中、電腦上，甚至鄰家的視窗都會有音樂飄來。不管你在哪裡，不管你喜歡與否、接受與否，音樂已時時刻刻地浸潤著我們的毛孔，但這些音樂大部分是噪音。

大作家余光中先生在〈饒了我的耳朵吧，音樂〉一文中，列舉了諸多被音樂逼於無奈的事實，從歌唱家席慕德到文學評論家夏志清、哲學家柏拉圖（Plato），從計程車、火車到咖啡廳、餐廳、街道，從臺灣到日本、歐美國家，用了大量的人物、現象來反映音樂帶來的後果：「其一是噪音、半噪音、準噪音會把我們的耳朵磨鈍，害我們既聽不見寂靜，也聽不見真正的音樂；其二就更嚴重了，寂靜使我們思考，真正的音樂使我們對時間的感覺加倍敏銳，但是整天在輕率而散漫的音波裡浮沉，呼吸與脈搏受制於繁蕪的節奏，人就不能好好地思想。」

當然，余光中先生並不是討厭音樂，相反，他是一個音樂的信徒，對音樂不但具有熱情，更具有信仰與虔敬。正如他自己解釋的那樣：「國樂的清雅，西方古典的宏富，民謠的純真，搖滾樂的奔放，爵士的即興自如，南歐的熱烈，中東和印度的迷幻，都能夠令我感發興起或輾轉低迴。唯其如此，我才主張要麼不聽音樂，要聽就必須有一點誠意、敬意。要是在不當的場合濫用音樂，那不但對音樂是不敬，對不想聽的人也是一種無禮。我覺得，如果是好音樂，無論是器樂還是聲樂，都值得放下別的事情來聚精會神地聆聽。音樂有它本身的價值，對我們的心境、性情、品格產生正面的作用。但是今日社會的風氣，卻把音樂當作排遣無聊的玩物，其作用不會超過口香糖，不然就是把它當作烘托氣氛點綴熱鬧的裝飾，其作用只像是霓虹燈。」

畢竟大多數人不是音樂家，也不擅長製作音樂，因而我們在無法迴避那些不和諧的非音樂噪音時，更需要修練自己心體的中正平和，換一種心態去體會創作者的心聲，哪怕是挑剔其中的不完善之處，往往能讓我們忘卻噪音帶來的折磨和痛苦。

總之，心中有音樂，聽到的皆是音樂，否則，入耳的就只能是噪音。對音樂如此，對生活也是如此，用欣賞的眼光去看待世界，那麼，世界處處都散播著美妙、和諧的音樂！

第十章　從容淡定過一生

生死是人生一大問題。季路有生死之問，孔子有「未知生焉知死」之答；莊子有齊生死之說，老子有長生久視之求；佛家有生死輪迴之論……各家之說見仁見智，莫衷一是。

在王陽明看來，人生中，一切聲利嗜好都可以看破，但生死卻不易看破，如果人們能看破生死，不以生喜，不以死悲，那就沒有生死的憂患了。

前半生不要怕，後半生不要悔

終年碌碌，至於老死，竟不知成就了個什麼，可哀也已！

每個人心中都有渴望和夢想，有些人終其一生也未必能得到成功的回報，然而，他們卻無憾無悔於生命。因為他們從未慵懶過，他們一直在執著追求心中所愛。往前走，不要怕；回頭看，不後悔。人生所追求的不過是無憾無懼而已。

在典籍裡，每句話都有前人經驗，細細品讀其中的字句，如同推開一扇扇虛掩的智慧之門。

三十年前，一個年輕人離開故鄉，準備開創自己的一片天地。他動身的第一站，是去拜訪本族的族長，請求指點。老族長正在練字，他聽到本族後輩準備踏上人生的旅途，就寫了三個字：不要怕。然後抬起頭來，望著年輕人說：「孩子，人生的祕訣只有六個字，今天先告訴你三個，供你半生受用。」

三十年後，這個人已是人到中年，有了一些成就，也添了很多煩心事。歸程漫漫，到了家鄉，他又去拜訪那位族長。他到了族長家裡，才知道老人家幾年前已經去世，家人取出一個密封的信封對他說：「這是族長生前留給你的，他說有一天你會再來。」歸鄉的遊子這才想起來，三十年前他在這裡聽到人生的一半祕訣。他拆開信封，裡面赫然又是三個大字：不要悔。

故事中的六個字點透人生。當年的「不要怕」激勵了年輕人勇敢地去追求自己的理想和生活，歷盡艱辛，只要能堅持就要不斷努力，也唯有這樣的勇氣才能支持年輕的心，「走遍天下都不怕」。憑藉這樣「盡人事」的努力，當年輕人走過了人生的坎坎坷坷，經歷了酸甜苦辣，明白了原來成功的背後五味雜陳時，老族長又告訴他：「不要悔。」每一步都是財富，坦然地接受生命的餽贈，「得之我幸，失之我命」，所有的日子都值得用心度過。

年輕的時候不要怕，長大了之後不要悔。在生活中，我們路過也錯過，像一條條畫在人生軌道上的線，交叉，並行，走一段或者走一生。在我們年少的時候，我們不知道什麼才是需要努力的，初生牛犢憑藉的只是最初的勇敢。假如這個時候畏首畏尾，就很難有所成就。等到我們閱盡人生，才能漸漸體會到人生中的遺憾與失落，許多不完美的心事和往事都漸漸浮現在心頭。這個時候，最需要擁有的是一顆無怨無悔的心。我們要不斷地告訴自己：走過的都是路，唱過的都是歌，所有的經歷都只是一種結果。

儒家對於生命的態度即所謂的「樂天知命」，人順從「命」的同時還要實現上天賦予自己的使命，這才算盡了人事，面對死亡時也就心安理得。王陽明對於生死的態度也是沿襲了儒家的這種思想，他說死無所怕，如若真有所不甘，也是生時未完成人生的使命，死才會有所遺憾。生時沒有盡人事，死時再悔恨也是無濟於事，此時便要學會坦然地面對。

人生在世，每個人都想要了無遺憾地度過人生，每個人都想讓自己所做的事永遠都是正確的，從而實現自己的。但這只能是一種美好的幻想，人不可能不做錯事，不可能不走彎路。做了錯事，走了彎路之後，能正面的反省，也是一件好事，至少可以讓我們今後的人生之路走得更穩健、更從容。因為反思，所以深刻；因為憧憬，所以希望。在過去和未來的交織下，才有把握當下、不怕不懼、不喜不悔的人生。

不要怕，是說不要害怕明天的風雨；不要悔，是說不要後悔錯過的霓虹。只要我們好好把握現在，珍惜此刻的擁有，找到活在當下的勇敢和執著，就一定可以收穫美好的人生。

沉浮動靜皆人生

道無方體，不可執著。

生是頭，死是尾，中間的是過程，人生就是如此。不問來處，不問去路，只問今何處，才是現實。對於一個人來說，從胎兒、嬰兒、孩童、少年、青年、中年到老年，整個過程詮釋了生命的真諦，它包含了酸甜苦辣，突顯著人生得意的光芒和失意的黯淡。

人們苦苦追求，苦苦尋覓，只為了得到一個結果，但當你得到了那個果時，常會變得失望，反而是在爭取的過程中，你嘗遍了各種快樂和心酸，那種滋味才令人回味無窮。不要因為在人生過程中失去了那些得到的東西而憂心忡忡，因為已經得到就不怕失去。否則，在你不斷為失去而感嘆時，你會錯過大好的時光，而說不定你錯過的時光，會讓你得到更好的事物。

有位孤獨者倚靠在一棵樹上晒太陽，他衣衫襤褸，神情萎靡，不時有氣無力地打著哈欠。

一位智者由此經過，好奇地問道：「年輕人，如此好的陽光，如此難得的季節，你不去做你該做的事，懶懶散散地晒太陽，豈不辜負了大好時光？」

「唉！」孤獨者嘆了一口氣說，「在這個世界上，除了我自己的軀殼外，我一無所有。我又何必去費心費力地做什麼事呢？每天晒晒我的軀殼，就是我要做的所有事了。」

「你沒有家？」

「沒有。與其承擔家庭的負累，不如乾脆沒有。」孤獨者說。

「你沒有你的所愛？」

「沒有。與其愛過之後便是恨，不如乾脆不去愛。」

「你沒有朋友？」

「沒有。與其得到還會失去，不如乾脆沒有朋友。」

「你不想去賺錢？」

「不想。千金得來還復去，何必勞心費神動軀體？」

「噢。」智者若有所思，「看來我得趕快幫你找根繩子。」

「找繩子幹嘛？」孤獨者好奇地問。

「幫你自縊。」

「自縊？你叫我死？」孤獨者驚詫道。

「對。人有生就有死，與其活著還會死去，不如乾脆就不活。你的存在，本身就是多餘的，自縊而死，不是正合你的邏輯嗎？」

孤獨者無言以對。

「蘭生幽谷，不為無人佩戴而不芬芳；月掛中天，不因暫滿還缺而不自圓；桃李灼灼，不因秋節將至而不開花；江水奔騰，不以一去不返而拒東流。更何況是人呢？」智者說完便轉身離去。

如智者所說「江水奔騰，不以一去不返而拒東流」。人生是個過程，這是一個最簡單但又最不為人注意的錯誤。人生目標是我們永遠的明天，我們的人生永遠是今天。有目標的人是活得有意義的人，能看重人生本身這一過程並把握住過程的人是活得充實而真實的人。「沒白活一輩子」，應該是目的和過程兩方面都有品質。許多人活了一輩子，到頭來還是沒有體會到人生的樂趣，沒有享受人生，這是一種生命自覺與自省的缺乏。沉浮動靜皆人生，體悟每種境遇，不以物喜，不以己悲，得失沉浮皆是人生所獲的賜予。沉浮動靜皆人生。如果我們總用一種效益座標來判別人生的狀況，前進為正，後退為負，上升為優，下沉為劣，那麼，我們就永遠不能讀懂人生。所以，追求幸福的過程才是最幸福的。既然每個人的未來結果都相同，赤條條來去無牽掛，那麼還不如在追求一切的過程中好好享受，這才不枉在人世走一遭。

短暫的生命，長久的快樂

聖人之治天下，何其簡且易哉！

修身養性是傳統文化的核心之一，儒家講「修身」、「齊家」、「治國」、「平天下」。《論語》也以「君子三戒」來警示世人嚴於修身。人生的境界高低不在於社會地位的高低，與個人的財富多寡也無關。內心的和諧寧靜才是人生的至高境界。人的生命看似很漫長，其實匆匆幾十載，歷經少年、壯年、老年三個階段，也只是彈指之間的事，而每個階段因年齡、閱歷的不同，要邁的門檻也不盡相同。

年少時忙著學習，自己的心裡堆了很多東西，但到老了就必須學會抉擇，有些東西雖然很好，卻不一定是你所必需的。這就好比去逛超市，年輕人見到新奇的東西，不管自己需不需要，先買了再說，所以「打折」對他們最有誘惑力。但老人就不一樣了，他們有自己的人生經驗，「任它弱水三千，我只取一瓢飲」，永遠只買自己用得著的。

經常聽到三五個老年人一起抱怨：生兒女是還債，那麼辛苦將他們養大成人，結果娶了忘了，哪裡還有老爸老媽的位置?仔細分析一下，這不是「有了才抱怨」的典型例證嗎?如果沒有兒女，你又從何抱怨呢?換個角度想想，心態平和一下何妨?如果不停地抱怨，只會讓自己生活在愁苦中。這時就需要自己為自己找點樂子，學著捨棄一些東西，這樣才可遠離煩惱。

孔子的人生三戒，其實是對心靈的自我釋放與撫慰。只有大度、灑脫的人才能從中獲益，修養不夠的人是不會理解其中深意的。斤斤計較，患得患失，少了豁達，就少了一顆平常心，當然，快樂就少了很多。沉迷色欲、功名，都是貪欲作祟。若總是求而不得，只能徒增煩惱。以「君子三戒」為修身準則，才能獲得內心的寧靜、平和。

生命的長短總是有界限的，唯一沒有界限的便是在這短暫的人生裡，我們可以融進無窮的快樂。每個人活在這個世界上都有自己不同的位置，每個位置都有不同的生活，每種生活都有不同的快樂。假如可以不計得失，就不會被角色所制約，也更容易快樂。

只要能夠一切順其自然，放下功利心，安心做好自己，我們看世界的眼光不再挑剔，我們面對世界的態度不再矯情，生命之花就會以自自然然的狀態開放、凋謝，然後等待下一個春天。

其實，加法和減法都是生活的一種相對論。如果我們學會了用加法和減法來生活，那麼就等於在播種的時候多多耕耘，在收穫的時候不計回報。這是一種不問前程的美好情懷，也是一種人生的智慧。

有人說，年輕的時候拍照片是為了給別人看，等到老了的時候才知道都是拍給自己看的。當人生看多了雲海漂流，也就知道了什麼時候該從容不迫。建立了內心豐盈的自信，所謂的加減，在心裡也就不成問題了。

死亡不可怕，可怕的是對生命的執著

問《志士仁人》章。

先生曰：「只為世上人都把生身命子看得太重，不問當死不當死，定要宛轉委曲保全，以此把天理卻丟去了，忍心害理，何者不為。若違了天理，便與禽獸無異，便偷生在世上百千年，也不過做了千百年的禽獸。學者要於此等處看得明白；比干、龍逢，只為他看得分明，所以能成就得他的人。」

生死是人生最根本的大問題，所以哲學家常常會思索死亡的問題。所謂「千古艱難唯一死」，如果能夠看透這一點，人生還會有什麼困難呢？其實，對死亡的恐懼，來自對死亡的無知和對生存的執著。既然死後的世界是不可知的，那就意味著任何人都不能確定活著和死亡哪一個更快樂、更自在，那麼為什麼人們不能對死亡進行一個樂觀的猜測呢？

人總是習慣性地把死亡想像成失去、虛無、黑暗、痛苦，所以在人的心裡，死亡成了絕望的代名詞。我們心甘情願被自己的想像所欺騙，因而生出了種種恐懼，又讓這種種恐懼占據了內心，影響了活著的心情。六祖慧能禪師彌留之際所說的「你們不用傷心難過，我另有去處」，猶在耳邊，發人深省。沒人知道死後的人是否快樂，說不定在「另有去處」反而活得更自由舒服。

關於生死苦樂的問題，有一則關於莊子的有趣故事：

莊子到楚國去，途中見到一個骷髏，枯骨凸露，呈現出原形。

莊子用馬鞭從側旁敲了敲，問道：「先生是貪求生命、失去真理，因而成了這樣呢？抑或你遇上了亡國的大事，遭受到刀斧的砍殺，因而成了這樣呢？抑或有了不好的行為，擔心讓父母、妻子兒女留下恥辱，羞愧而死成了這樣呢？抑或你遭受寒冷與飢餓的災禍而成了這樣呢？抑或你享盡天年而死去成了這樣呢？」莊子說罷，拿過骷髏，用作枕頭而睡去。

到了半夜，骷髏向莊子託夢說：「你先前談話的情況真像一個善於辯論的人。聽你所說的那些話，全屬於活人的拘累，人死了就沒有上述的憂患了。你願意聽聽人死後的有關情況和道理嗎？」

莊子說：「好。」

骷髏說：「人一旦死了，在上沒有國君的統治，在下沒有官吏的管轄，也沒有四季的操勞，從容安逸地把天地的長久看作時令的流逝，即使南面為王的快樂，也不可能超過。」

莊子不相信，說：「我讓主管生命的神來恢復你的形體，讓你重新長出骨肉肌膚，回到你的父母、妻子兒女、左右鄰里、朋友故交中去，你希望這樣嗎？」骷髏皺眉蹙額，深感憂慮地說：「我怎麼能拋棄南面稱王的快樂而再次經歷人世的勞苦呢？」

人們如此懼怕死亡，但是沒有人知道，人在死亡以後是否也會一樣畏懼著生存，想方設法地避免「出生」在這個「活著」的世界。人的恐懼是源於對那些神祕事物的懼怕，越是不了解死亡，恐懼感就越強。

古希臘哲學家伊比鳩魯(Epicurus)認為：「一切善惡凶吉都在人的感覺之中，而死亡不過是感覺的喪失。所以，死亡事實上與我們的感覺無關，因而無須恐懼死亡。因為在人活著的時候，死亡還沒有真正到來，而一旦死亡降臨時，我們又感覺不到死亡了。」確實如此，死亡並不可怕，可怕的只是我們對生存的執著。王陽明勸誡人們不要把生命看得很重，以免迷失自己，也是這個道理。

生命不在於長短，在於活得有意義

今使之「夭壽不貳」，是猶以夭壽貳其心者也。猶以夭壽貳其心，是其為善之心猶未能一也，存之尚有所未可，而何盡之可云乎？今且使之不以夭壽貳其為善之心，若曰死生夭壽皆有定命，吾但一心於為善，修吾之身以俟天命而已，是其平日尚未知有天命也。事天雖與天為二，然已真知天命之所在，但唯恭敬奉承之而已耳。

在王陽明看來，現今要求人不論長壽還是短命要始終如一，是由於還有人因為壽命有長有短而心生雜念。因為壽命有長短之分而三心二意，這說明他為善的心還不能始終如一，不能存養自己的良知，更談不上致良知。人們不應因壽命長短而改變為善之心，也就是說，生死夭壽都有定數，我們只需一心向善，修養我們的身心來等待天命的安排。事天雖然尚未與天合而為一，但已經知道恭恭敬敬地去承受天命了。需要注意的是，這裡的為善不是指狹隘地做善事，而是指恢復內心純明的心體即良知。

然而，大多數人不明白這個道理，依舊存有貪生怕死的念頭，以長壽為樂，以短壽為苦，竭盡所能地延長自己的壽命。也就是說，人們總是過於注重生命的長短，而忽略了生命的過程。然而，人生的意義不在於生命的長短，而在於體驗生命過程中的酸甜苦辣。

莊子在〈逍遙遊〉中說道：「朝菌不知晦朔，蟪蛄不知春秋，此小年也。」意思是說樹根上的小蘑菇壽命不到一個月，因此它們不理解一個月的時間是多長；蟬的壽命很短，生於夏天，死於秋末，們自然不知道一年當中有春天和冬天。們的生命都是短暫的，然而，這些生命即使活了幾秒鐘也覺得自己活了一輩子，因為它們有自己的快樂。人生也是如此，既然我們無法掌握壽命的長短，那麼至少可以改變生命的寬度，讓生活變得更豐富多彩，變得更快樂。

傳說老子騎青牛過函谷關，在函谷府衙為府尹留下洋洋五千言《道德經》時，一個逾百歲、鶴髮童顏的老翁到府衙找他。兩人在府衙前相遇，吸引了許多人前來圍觀。

老翁對老子略略施了個禮，有些得意地說：「聽說先生博學多才，老朽有個問題想向您討教。我今年已經一百零六歲了，說實在話，我從年少時直到現在，一直是遊手好閒地輕鬆度日。與我同齡的人都紛紛作古，他們開墾百畝沃田卻沒有一席之地，修了萬里長城而未享轔轔華蓋，建了房舍屋宇卻落身於荒野郊外的孤墳。而我呢，雖一生不稼不穡，卻還吃著五穀；雖沒置過片磚只瓦，卻仍然居住在避風擋雨的房舍中。先生，我現在是不是可以嘲笑他們忙忙碌碌勞作一生，只是為自己換來一個早逝呢？」

老子聽了，微微一笑，吩咐府尹說：「請找一塊磚頭和一塊石頭來。」

老子將磚頭和石頭放在老翁面前說：「如果只能擇其一，仙翁您是要磚頭還是石頭？」

老翁得意地將磚頭取來放在自己的面前說：「我當然擇取磚頭。」老子撫鬚笑著問老翁：「為什麼呢？」

老翁指著石頭說：「這石頭沒稜沒角，取它何用？而磚頭卻用得著呢。」老子又招呼圍觀的眾人問：「大家要石頭還是要磚頭？」眾人都紛紛說要磚而不取石頭。

老子又回過頭來問老翁：「是石頭壽命長呢，還是磚頭壽命長？」老翁說：「當然是石頭了。」

老子釋然而笑說：「石頭壽命長，人們卻不擇它，磚頭壽命短，人們卻擇它，不過是有用和沒用罷了。天地萬物莫不如此。壽雖短，於人於天有益，天人皆擇之，皆念之，短亦不短；壽雖長，於人於天無用，天人皆摒棄，倏忽忘之，長亦是短啊！」

老翁頓然大慚。

在老子看來，生命不在於長短，而在於有意義與否。而王陽明認為，生命的意義就在於一心為善，保有自己純明的良知。

也就是說，十年、二十年……五十年，乃至一生庸庸碌碌、畏畏縮縮而活的人，不如一年、一月乃至一日而活得有意義的人。只要生命曾經綻放過光芒，這一生就已值得，生死已無關緊要了。活到一百歲，和只活到三十歲、二十歲的人，根本上並沒有什麼差別。雖然前者多活了幾十年，後者少活了幾十年，但這只是人們觀念上的感覺與執著，對於了解生命意義、清楚宇宙真諦的人來說，即使存在得短也不覺得遺憾。正如王陽明告誡人們的那樣：「當生則生，當死則死，斟酌調停，無非是致其真知，以求自慊而已。」

須從根本求生死，莫向支流辯濁清

珍重江船冒暑行，一宵心話更分明。須從根本求生死，莫向支流辯濁清。久奈世儒橫臆說，競搜物理外人情。良知底用安排得？此物由來自渾成。

王陽明在《次謙之韻》一詩中感嘆越來越多的人想要從身外之物中尋求生死的道理，自古以來的帝王將相執迷於長生不老藥就是如此。忽略了從自己本身的良知去尋獲生死的真諦，實在是捨本逐末。

而人們之所以害怕死亡，就是因為人們將死亡當作一次未知的不可掌握的旅程，說到底，還是人們渴望擁有、害怕失去的欲望在作怪。因此，大多數人都是輕死貴生的，俗話說「好死不如賴活著」就是其典型表現。

莊子曾經講過一個故事：

麗姬原本是一個民女，因為王宮選宮女，她被選中，最後還成了王后，享盡榮華富貴。她在回想當初被選中的情景時說，那時她在家裡哭得一塌糊塗，情形悲慘，現在看來反倒覺得當初的自己是多麼荒唐、愚蠢、無知。

莊子借麗姬的典故來比喻人對待生死的態度，人們懼怕死亡就像麗姬當初懼怕進宮一樣，既然我們不知道死亡之後會發生什麼，又何必面對死亡而哭泣呢？

清朝順治帝曾說：「未曾生我誰是我？生我之時我是誰？長大成人方是我，闔眼矇矓又是誰？」未出生當然不知道自己是誰，從娘胎呱呱落地的那一刻知道自己是誰嗎？唯有慢慢長大後才清楚地意識到「我」的存在，等往生閉上眼後，請問自己又是誰？

在佛家看來，死去的只是人的軀殼，真正的生命則是綿延不斷的。人有生老病死，所以「生，未嘗可喜；死，也未嘗可悲」。這就是佛教對於生死的看法。

佛陀的弟子不斷問佛陀：「佛死了都到哪裡去了呢？」佛陀總是微笑著，保持沉默。但這個問題一次又一次被提出來，於是佛陀對弟子說：「拿一支蠟燭來，我會讓你們知道佛死了到哪裡去了。」

弟子急忙拿來了蠟燭，佛陀說：「把蠟燭點亮，然後拿來靠近我，讓我看見蠟燭的光。」弟子把蠟燭拿到佛陀的面前，還用手遮掩著，生怕火被風吹滅，但佛陀訓斥弟子說：「為什麼要遮掩呢？該滅的自然會滅，遮掩是沒有用的。就像死，同樣也是不可避免的。」

於是就吹滅了蠟燭說：「有誰知道蠟燭的光到哪裡去了？它的火焰到哪裡去了？」弟子們你看著我，我看著你，誰也說不出來。

佛陀說：「佛死就如蠟燭熄滅，蠟燭的光到什麼地方去了，佛死了就到什麼地方去了，和火焰熄滅一樣道理，佛死了，他也消滅了。他是整體的一部分，他和整體共存亡。」

佛陀的用意在於告誡世人：死亡就是死亡，想那麼多做什麼呢？

在此，我們不由得想到德國哲學家海德格的著名論斷向死而生。對於一個生命群體來說，死是為了更好地新生。新陳代謝，舊的、老的死去，換來新的、進步的誕生。從這個意義上來說，這個死不是無所謂的，而是有價值、有意義的死，是為了更好地新生的死。

關於死亡、存在和重生，歷史中有太多這樣的傳說，比如鳳凰涅槃、不死鳥等等；在戰場上還有置之死地而後生的典故，「有志者事竟成，破釜沉舟，百二秦關終歸楚」這幾句形容的就是項羽早年的英雄事蹟。

儘管涅槃和重生只是一種傳說，但是從哲學意義上來講，生就是向死而生，死就是向生而死。一個生命消失了，但是很快就有另一個生命來到世間，生生死死，綿綿不絕，恰如「沉舟側畔千帆過，病樹前頭萬木春」。

你如果用一種超脫、達觀的態度去面對死亡，把死亡當作一次再生的機會，人生不過重來一回，就能減輕生的壓力，活得逍遙自在。當你明白了這一點，你就做到了王陽明所說的「從根本求生死」，也就對生死無所畏懼了。

絢爛過後歸於平淡

自視聽言動以至富貴貧賤、患難死生，皆事變也。事變亦只在人情裡。

印度詩人泰戈爾（Rabindranath Tagore）有詩云：「生如夏花絢爛，死如秋葉靜美。」人生是一個從絢爛歸於平淡的過程。生，便如夏花，極力綻放，不停地追求。因為來日方長，便鍾愛豔麗與繁華，喜歡一切新鮮刺激的事物，肆意揮動生命的畫筆，將人生填得滿滿的。死，便如秋葉，褪掉了濃郁的色彩，安安靜靜，寂然飄落。因為時日無多，所以明白一切都不過是空，生命的脆弱時刻伴隨，思想於是遠離了喧囂，盡歸於平淡之中。

繁華過後總是空。生命的奧祕在哪裡呢？在於向死而生，獲得恬淡平和、視死如歸的心態，這種心態能夠讓人卸下生命和心靈的重負，一直生活在別樣的期待和無所畏懼的輕鬆愉快中。

生死隨緣，因為這是我們無法改變的事情。向死而生，死如再生，面對生死，我們不如泰然接受，好好把握當下的生命才是最重要的。

子夏問曰：「『巧笑倩兮，美目盼兮，素以為絢兮。』何謂也？」子曰：「繪事後素。」子夏問孔子，詩經中這三句話到底說什麼，當然子夏並不是不懂，他的意思是這三句話形容得過分了，所以問孔子這是什麼意思。孔子告訴他「繪事後素」，繪畫完成以後才顯出素色的可貴。

子謂衛公子荊：「善居室。始有，曰：『苟合矣。』少有，曰：『苟完矣。』富有，曰：『苟美矣。』」孔子在衛國看到一個世家公子荊，此人對於生活的態度、思想觀念和修養，孔子都十分推崇。以修繕房屋這件事為例，剛剛開始可住時，他便說，可以將就住，不必要求過高。後來房子又擴修，他就說，已經相當完備了，不必再奢求了。後來房子又繼續擴修，他又說，夠了，太好了。

國學大師南懷瑾先生讀了這個故事時曾說，這兩個場景以現在人生哲學的觀念來說，就是一個人由絢爛歸於平淡。就藝術的觀點來說，好比一幅畫，整個畫面填得滿滿的，多半沒有藝術的價值；又如布置一間房子，一定要留適當的空間，也就是這個道理。一個人不要過分沉迷於絢爛，平平淡淡才是真。

人生來雙手空空，卻要讓其雙拳緊握；等到死去時，卻要讓其雙手攤開，偏不讓其帶走財富和名聲……不明白這個道理，人就很難將許多東西看淡，很容易為外物所累。

王陽明的「致良知」，正是為了參透人生最大的問題「生死」。一個悟了道的人，在心靈完全不為外物所滯的境界下，領略到與萬物一體的真實性，這時才能真正地參透生死的奧祕，也才能如王陽明那樣在病危時坦然微笑著說：「此心光明，亦復何言！」

人生短暫，我們來不及感慨，彷彿馬上就走到了生命的盡頭。真正屬於自己的快樂在於簡約的內心，如果自己不能完完全全、真真實實地生活，反而陷入物質欲望為我們設下的圈套中，便很難享受到人生的樂趣。世間繁華歆像童話裡的紅舞鞋，漂亮而充滿誘惑，一旦穿上，便再也捨不得脫下來，只能瘋狂地轉動舞步，即使內心充滿疲憊和厭倦。當生命的舞會到達終點，脫下紅舞鞋時赫然發現，一路的風光和掌聲結束後，留下的只有說不出的空虛和疲憊，除此之外，別無他物。

繁華過後總是空。最美的生活從來不是最繁華的生活。很多人不斷追求所謂的舒適，最後才發現，真正的舒適在於內心。人生若煙火，絢爛過後便歸於平淡，一顆通透的心才是最值得追求的，在恬淡與豁達中才能感到生命的甜美。

電子書購買　　爽讀 APP

國家圖書館出版品預行編目資料

浮世中修心，王陽明的知行哲學：將心學哲理融入當代思維，從根本上改善行動力與決策力 / 王建軍 著 . -- 第一版 . -- 臺北市：財經錢線文化事業有限公司 , 2024.12

面；　公分

ISBN 978-626-408-111-5(平裝)

1.CST: (明) 王守仁 2.CST: 學術思想 3.CST: 陽明學

126.4　　　113018342

浮世中修心，王陽明的知行哲學：將心學哲理融入當代思維，從根本上改善行動力與決策力

臉書

作　　者：王建軍
責任編輯：高惠娟
發 行 人：黃振庭
出 版 者：財經錢線文化事業有限公司
發 行 者：財經錢線文化事業有限公司
E-mail：sonbookservice@gmail.com
粉 絲 頁：https://www.facebook.com/sonbookss/
網　　址：https://sonbook.net/
地　　址：台北市中正區重慶南路一段 61 號 8 樓
8F., No.61, Sec. 1, Chongqing S. Rd., Zhongzheng Dist., Taipei City 100, Taiwan
電　　話：(02) 2370-3310　　傳　　真：(02) 2388-1990
印　　刷：京峯數位服務有限公司
律師顧問：廣華律師事務所 張珮琦律師

定　　價：399 元
發行日期：2024 年 12 月第一版
◎本書以 POD 印製
Design Assets from Freepik.com